Gunther Martin · Als Victorianer in Wien

Ein Österreich-Thema aus dem Bundesverlag

Gunther Martin

Als Victorianer in Wien

Erinnerungen des britischen Diplomaten
Sir Horace Rumbold
Aus dem Englischen übersetzt und kommentiert

ÖBV

Österreichischer Bundesverlag · Wien

Diese Buchreihe ist Österreich gewidmet: Österreich mit seinen geistigen Kräften und Strömungen, Österreich mit seiner historischen und seiner kulturgeschichtlichen Bedeutung, Österreich mit seinen landschaftlichen Besonderheiten, seinen Persönlichkeiten und der so vielfältigen Wesensart seiner Bevölkerung. Vieles bietet sich an. Es soll nach und nach behandelt werden – anregend geschrieben und zugleich hohen Ansprüchen genügend.

David Hermges, dem langjährigen Repräsentanten geistiger Verbindungen zwischen Großbritannien und Österreich, dankbar gewidmet.

Satz: Times 10/11 Punkt
Gedruckt auf holzfrei Offset 120 g
Druck: Wiener Verlag, Himberg bei Wien
ISBN 3-215-**05001**-3

Inhalt

Motto

„Die englischen Diplomaten haben einen legendären Ruf. Von alters her gelten sie als klug und weitsichtig. Einer der Gründe dafür ist ihre Gewohnheit, nach einem Leben im Dienst der Krone Memoiren zu schreiben. In dieser sehr englischen Literatur gehört es zu den Spielregeln, daß man aufrichtig ist."

Peter Bamm, „Eines Menschen Zeit"

Ein victorianisches Austriacum

Nicht selten übten bedeutende Dichter und Schriftsteller den Beruf des Diplomaten aus, die Literturgeschichte nennt eine Reihe von Beispielen dafür: den Amerikaner Washington Irving etwa, neben Cooper einer der ersten beiden Autoren aus der Neuen Welt, die auch in Europa berühmt wurden. Die Franzosen Paul Claudel, Jean Giraudoux und Saint-John Perse, den jugoslawischen Nobelpreisträger Ivo Andrić und Hofmannsthals schweizerischer Freund Carl J. Burckhardt. Unter den Gelehrten in offizieller Auslandsmission figurierte der Historiker John Lothrop Motley, er vertrat seinen Heimatstaat, die USA, mehrere Jahre hindurch in Wien am Hof des jungen Kaisers Franz Joseph. Eine Mittelstellung zwischen diesen Schaffensgebieten nahm der ebenso geistvoll wie amüsant schreibende Italiener Daniele Varé ein.

Andererseit bewogen Erlebnisse und Erfahrungen während langer Tätigkeit im Auswärtigen Dienst immer wieder angestammte Diplomaten, nach dem Scheiden aus hohen Positionen Rückschau zu halten, ihre Eindrücke und Einsichten in schriftliche Form zu bringen und zu publizieren, selbstverständlich unter Bedachtnahme auf die Gebote ihres Metiers, die „Enthüllungen" ausschlossen. Der besondere Wert solcher Memoiren liegt in Aufschlüssen, die sich aus erster Hand ergeben, in der unmittelbaren Zeugenschaft, der primären Aussage, dem Niederschlag des Miterlebten. Mögen manche Perspektiven auch den subjektiven Blickwinkel offenbaren, so ist doch eine von bewußten Verfälschungen und Verzerrungen freie Darstellung oberstes Postulat der ernstzunehmenden Werke dieser Gattung. Kurzum: die Wahrhaftigkeit. Oder, mit anderen Worten, der Chronistengrundsatz: So habe ich selbst die Dinge gesehen und gehört, so waren meine Auffassungen und meine Empfindungen, und so habe ich dies alles hier nach bestem Wissen und Gewissen getreulich niedergelegt.

Wie der 1975 verstorbene deutsche Essayist Peter Bamm in der als Motto zitierten Textstelle seiner eigenen Autobiographie hervorhob, zählt solche Wahrhaftigkeit zu den durch uralte, ehrwürdige Traditionen demokratischer Lebensform und eine strenge Schule der Fairneß geprägten Wesenszügen gerade der schreibenden britischen Diplomaten. Dies galt auch für Sir Horace Rumbold, der nach einer mehr als ein halbes Jahrhundert umfassenden Karriere die Summe seines Berufs- und Privatlebens in drei chronologisch miteinander verbundenen Erinnerungsbänden zog: „Recollections of a Diplomatist“ (London, 1902), „Further Recollections of a Diplomatist“ (London, 1903) und „Final Recollections of a Diplomatist“ (London, 1905).

Im ersten und im dritten Band schilderte er jeweils in mehreren Kapiteln seine beiden Amtsperioden in Wien, 1856–1858 als Attaché und 1896–1900 als Botschafter. Rumbolds enge innere Beziehung zu Österreich dokumentierte sich zudem in der Tatsache, daß er außer Memoiren noch ein anderes Buch zum Thema schrieb, das ihn als gründlichen Kenner der österreichischen Geschichte ausweist, nämlich „The Austrian Court in the Nineteenth Century“ (London, 1908, eine amerikanische Ausgabe erschien 1909 in New York unter dem Titel „Francis Joseph and His Times“).

Allerdings wird man Hinweise auf Sir Horace, der als Botschafter seiner Königin und Repräsentant des britischen Empire in Wien jedenfalls eine wichtige Position innehatte, im großen Personarium des österreichischen Schrifttums an Memoiren und Geschichtswerken nur höchst selten finden. Egon Cäsar Conte Corti und Hans Sokol gehen in ihrer dreibändigen Franz-Joseph-Biographie kurz auf ihn ein, und Heinrich Graf Lützow, der k. u. k. Diplomat, erwähnt in seinen Erinnerungen den einstigen ausländischen Kollegen in einem einzigen Satz, fast einem Nebensatz, in dem er, leicht ironisch, ein persönliches Profil skizziert. Näher befaßte sich der Historiker Erich Zöllner in einer Arbeit über Wien im Spiegel fremder Besucher mit dem sympathischen Briten und erklärten Freund Österreichs.

Rumbolds wechselvolle Schilderungen aus seiner wienerischen Umwelt samt Exkursionen in andere Gebiete der Donaumonarchie und sogar deren halborientalische Randzonen, gesehen mit den Augen eines lebhaften, der Impression zugewandten Gentleman seiner Epoche, verdienen ohne Zweifel neuerliche Beachtung. Hier meldet sich eine berufene Stimme zu Wort, um das Ihrige über Kakanien auszusagen. Zumal Sir Horace selbst, wie schon angeführt, im Alter eine Aufgabe, ja eine Ehrenpflicht darin erblickte, seinen britischen Landsleuten und den Amerikanern in einem gesonderten Buch die Eigenart dieses ihnen seltsam, komplex und schwer überschaubar erscheinenden Reiches verständlich zu machen. Und nicht zuletzt: der diplomatische Posten in Wien ging in die Rumboldsche Familientradition ein. Sir Horaces gleichnamiger Sohn aus erster Ehe war ihm von 1897 bis 1900 an der Botschaft als Zweiter Sekretär zugeteilt und wurde nach 1918 bei den Vorbereitungen für die Friedensverhandlungen mit Österreich, Ungarn und der Türkei eingesetzt. Harold Nicolson nannte diesen in seinem Beruf sehr fähigen, typischen Empire-Briten der Spätphase, der 1941 verstarb, „the perfect diplomat". Der Enkel schließlich, Sir Anthony Rumbold, übte zwischen 1965 und 1967 die Funktion des britischen Botschafters in Österreich aus.

Im Sinn einer Autobiographie bot Sir Horace vor dem Hintergrund der Zeiten hauptsächlich persönliche Erlebnisse, die sich heute in erster Linie als Bilder kulturgeschichtlichen Charakters und Porträts ihrer Akteure, auch als Genreszenen zeigen. Darin unterschied sich Rumbold von seinem Vorgesetzten aus dem Jahr 1858, dem britischen Gesandten in Wien, Lord Augustus Loftus, der in seinen „Diplomatic Reminiscences" den politischen Vorgängen an seinem Dienstort große Aufmerksamkeit widmete. Aber in seiner Stellung hatte er eben einen erheblich weiteren Aktionsradius und ganz andere Verantwortungen als der damalige Attaché Rumbold. Indes, auch als Botschafter, reifer Mann und hoher Herr, vielfach bewährt und geehrt, blieb Sir Horace für das Milieu und die spezifische Atmosphäre seiner Umgebung sehr empfänglich, bewahrte sich das Feingefühl für die Mise en scène der feierlichen und der privaten Ereignisse, deren Zeuge er wurde – einfach deshalb, weil er offenbar von Natur aus ein phantasievoller, intuitiverer und heiterer Mensch war als Lord Loftus. Obschon er nicht so unkonventionell an die Dinge heranging wie ein Zeitgenosse und Kollege, der witzige

Sir Edward Malet. Der schrieb nämlich seine „Memories of Many Men in Many Lands“ zwischen dem Orient, China, Amerika und dem Frankreich der Kriegswirren von 1870 in der lockeren Form des Gesprächs mit einem imaginären Interviewpartner.

All diese Gründe legten es nahe, die Wien-Kapitel aus den hier nur wenigen Interessenten bekannten Originalausgaben von Sir Horace Rumbolds Memoiren herauszulösen, größtenteils zu übersetzen, durch mehr oder weniger ausführliche Kommentare zu den behandelten Themen zu erweitern, entsprechend zu gliedern und diesen Gesamttext als victorianisches Austriacum zu präsentieren. Als aufgefundene, von fremder Hand gezeichnete Bilderfolge im großen Album der österreichischen Vergangenheit, beispielhaft für zwei getrennte Phasen, die fast genau auf die „Ecksätze“ der Franz-Joseph-Ära bezogen sind. Im Modus wurde bewußt an eine Linie angeschlossen, welche im Wien der zwanziger Jahre Victor und Ernst Klarwill vertraten. Als Autoren, Übersetzer und Herausgeber waren diese beiden Männer bemüht, die Austriaca-Literatur um Hebungen und Trouvailles zu bereichern und die geschichtlichen Verbindungen zwischen unserem Heimatland und anderen Kulturkreisen zu beleuchten. Die gleiche Absicht war auch für dieses Buch bestimmend.

G. M.

1.
„Formative years" auf dem Kontinent

Horace Rumbold wurde am 2. Juli 1829 in Calcutta geboren. Unter seinen Vorfahren waren Royalisten aus den Tagen Oliver Cromwells, ein britischer Konsul in Spanien und führende Männer der britischen Ostindien-Compagnie. Sir William Rumbold, sein Vater, betätigte sich im Bankwesen, allerdings mit wenig Glück: Das von ihm geleitete Haus geriet schließlich in den – unbegründeten – Verdacht betrügerischer Machenschaften. Jahrelang bemühte sich der Verfemte um die persönliche Ehrenrettung und die Rehabilitierung des in seinem Ruf schwer geschädigten Unternehmens. Es war ein zäh und tapfer durchgestandener, aber zermürbender Kampf, der ihn seelisch und auch körperlich aufrieb, so daß er bereits als Mittvierziger starb.

Den verwaisten Kindern boten Verwandte in Frankreich eine neue Heimat, denn Sir Williams Schwestern hatten in die Pariser Gesellschaft der Ära von Louis Philippes „Bürgerkönigtum" eingeheiratet. Später schrieb Horace über diesen jähen, radikalen Wechsel aus der bisherigen anglo-indischen Umwelt in die Metropole Westeuropas:

„Ich bin mir der Nachteile, die sich für einen Engländer durch die Erziehung im Ausland ergeben, voll bewußt. Doch es war eben unser Los, in der Fremde heranzuwachsen, und ich gestehe dankbar ein, daß wir im weiteren Verlauf einiges davon profitierten. Viele der Freuden und auch der geringen Erfolge, die mir dann im Leben beschieden waren, verdanke ich ohne Zweifel meiner frühen Vertrautheit mit fremden Audrucksformen und den Einsichten, die ich so in fremde Lebensweise, Denkungsart und Mentalität gewann."

Andererseits machte ihm sogar noch in der Reife immer wieder ein gewisses Gefühl der Verlorenheit zu schaffen, er nannte sich den Sproß eines „heimatlosen, umherschweifenden Geschlechtes" und sagte: „Von Wanderern aufgezogen, bin ich seither ein Wanderer durch das Leben – das freudlose

Geschick der meisten meines Namens seit einigen Generationen – so daß ich niemals die Segnungen eines angestammten Familiensitzes kannte, der unseren ein Hauswesen liebenden seßhaften Landsleuten so viel bedeutet."

Zwischen den Maestri und dem Aufrührer

Rumbolds Heimstätte in Paris wurde das Haus seiner Tante Emily, verehelichter Baronin Delmar, einer geistig sehr regen, musischen und gesellschaftlich ungemein aktiven Dame, die regelmäßig Gäste um sich versammelte.

„Der besondere Vorzug des Salons Delmar lag darin, daß er sozusagen neutral und ‚très bien composé' war. Man traf dort außer Franzosen vieler verschiedener politischer Richtungen Ausländer von Distinktion aus allen Staaten. In seiner kosmopolitischen Art eignete diesem Salon – zum Unterschied von einem rein französischen Haus – alle Vielfalt eines internationalen Treffpunktes, und dennoch blieb er jenen fragwürdigen Elementen verschlossen, denen man allzu oft in den Häusern von Ausländern begegnet."

Berühmt waren die Hauskonzerte, sie erreichten ein beachtliches Niveau der Programmgestaltung und der Interpretation, vor allem deshalb, weil der damals in Paris lebende Gioacchino Rossini als „l'ami de la maison" bei den Delmars verkehrte.

„Manchmal beteiligte er sich daran, solche Veranstaltungen ins Werk zu setzen, die dann oft in großem Stil stattfanden. Haydns ‚Schöpfung' etwa wurde mit dem Orchester und dem Chor des Pariser Konservatoriums zu Gehör gebracht. Zudem erfolgte dort eine der allerersten Aufführungen von des großen Maestro ‚Stabat Mater'."

„Häufig kam auch der liebenswerte Komponist Bellini ins Haus Delmar. Obgleich bereits von der Krankheit befallen, die ihn in so jungen Jahren dahinraffte, schuf er damals jene einzigartig melodiösen, ergreifenden Opern, die sich trotz ihrer seichten Handlungen und dünnen Orchestrierung auf den Bühnen zu behaupten vermochten. Der ‚Schwan von Pesaro' (Rossini), der nicht über ‚la jalousie de métier' erhaben war, sprach gern geringschätzig von diesen Schöpfungen.

Die Umwelt des Knaben Horace:
das Paris der Epoche König Louis Philippes

Eines Tages sagte er über das laute, vulgäre Motiv ‚suoni la tromba‘ aus ‚I Puritani‘: ‚Quand on le chante à Paris, je l'entends à Bologna.‘ Eine verzeihliche kleine Bosheit.“

Rumbolds eigene Schwester, sie hieß Emily wie ihre Tante, zählte am Klavier zu den Lieblingsschülerinnen Chopins. Als Hauslehrer der Kinder fungierte ein ehemaliger Göttinger Student namens Wilhelm Nolte.

„Ihm verdankten wir viel wertvolle Unterweisung, vor allem eine gründliche Kenntnis des Deutschen, die uns, zusammen mit dem Französischen, das wir ganz selbstverständlich in der Kinderstube erlernten, sehr rasch eine Sprachengewandtheit gab, wie sie dereinst viel seltener war als heute.“

Nolte war ein überzeugter Nationaler aus der Generation der ersten, gesamtpatriotischen Burschenschafter, auch im Umgang mit den ihm anvertrauten Geschwistern verhehlte er nie seine kämpferische Gesinnung. Dadurch kam Horace früh mit jenen Fragen in Berühung, die Jahrzehnte später europäische Bedeutung gewinnen sollten.

„Sein (Noltes) Radikalismus war vornehmlich großdeutschen Gepräges, bis zu einer gewissen Verstiegenheit. Die politischen Maximen unseres vortrefflichen Lehrers wirkten sich auf mich so aus, daß sie in mir den festen, bleibenden Glauben an jene unwiderstehlichen Kräfte weckten, die bereits damals eine deutsche Einheit anstrebten – vorherrschend war dabei eine Sehnsucht nach der Wiederkehr des alten Reiches, vielleicht eher als äußeres Symbol der Größe des deutschen Volkes angesichts der anderen Nationen denn als einigendes Band zwischen den vielen Stämmen. Und damals schon wurde mir auch die tiefe, erbitterte Feindschaft der Deutschen gegen Frankreich und die Franzosen offenbar, eine Regung, für die seit langem das Wort ‚Franzosenhaß‘ gebräuchlich ist, den die französische Regierung aber bis zur Zeit kurz vor dem Krieg von 1870/71 wie mit Blindheit geschlagen ignorierte.“

Während der „formative years“ seiner Jugend war die britische Insel für Rumbold Terra incognita. 1847, immerhin schon achtzehnjährig, reiste er zum erstenmal nach England. 1849 schloß er in dem Badeort Brighton an der Südküste Freundschaft mit dem jungen Prinzen Richard Metternich, die erste vieler persönlicher Beziehungen zu prominenten Österreichern seiner Zeit.

„Metternich war ein ausgezeichneter Musiker, und eine unserer liebsten Vergnügungen bestand darin, den Laden eines Musikalienhändlers in einer der Straßen bei der King's Road aufzusuchen und dort auf zwei Klavieren Wiener Walzer zu spielen, von den beiden jüngeren Metternichs, Paul und Lothaire, die damals noch Knaben waren, mit Trommel und Geige begleitet. Diese Darbietungen zogen ganz Menschenscharen zu der Ladentür und waren zweifellos eine gute Werbung für den Besitzer.“

Anregungen zu solchem Musizieren brachte die letzte Konzertreise von Johann Strauß Vater, „der, wie ich glaube, unseren etwas schwerfälligen jungen Männern und deren Partnerinnen zum erstemal zeigte, welch wunderbarer ‚entrain‘ im echten Walzerrhythmus liegt, wenn er von den Söhnen der Donau gespielt wird. Diese zauberhaften Klänge darf man füglich als den Schwanengesang des armen Strauß bezeichnen, denn nach Schluß der Saison kehrte er heim, um kurz darauf zu sterben, noch in der Blüte seiner Jahre.“

Während dieser Tournee, die ihn ruhelos über Prag und durch Deutschland bis nach England führte, bekam Strauß zu spüren, daß man sein Geniewerk, den Radetzkymarsch, als ein Politikum betrachtete, ein schwarz-gelbes Bekenntnis, ein Stück „unbewältigter Vergangenheit“, die ihm das Publikum fast bei jedem Konzert demonstrativ vorhielt. Das liberale Bürgertum der englischen Städte zeigte offen seine Ablehnung Österreichs, begeisterte sich für die geflüchteten norditalienischen Risorgimento-Kämpfer und die ungarischen Revolutionäre, die in London den idealen Sammelpunkt fanden. Konservative Kreise indes, namentlich der Adel, feierten den exilierten Staatskanzler Clemens Fürst Metternich als den „Grand Old Man“ der europäischen Politik, den sie gern als

Gast auf ihren Landschlössern empfingen. Der Hof und Außenminister Lord Palmerston wahrten zunächst eher Reserve und Distanz, aber ein staatsmännischer Kopf der nächsten Generation, der junge Disraeli, schrieb dem Fürsten enthusiastische Briefe mit einem gewissen homosexuellen Unterton.

Aus pekuniären Gründen hatte sich die Familie Metternich für den Aufenthalt in Brighton entschieden, da man dort billiger lebte als in der Metropole, die einen aufwendigen Stil erfordert hätte. Der Flüchtling aus Wien sah sich genötigt, so haushälterisch zu denken, denn er verfügte damals nur über geringe Mittel, was freilich sorgfältig kaschiert werden mußte, weil die vornehme Welt Englands als gegeben voraussetze, ein Mann dieses Ranges besitze nach wie vor materielle Freizügigkeit. In Brighton begegnete Rumbold auch Melanie, der dritten Gattin des Staatskanzlers.

„Die Fürstin Metternich empfand natürlich große Erbitterung über ihren Sturz aus einer so hohen Position, und noch heute höre ich sie wie einst, wenn sie beim Blättern in einem Album sehr interessanter lithographischer Porträts, ausgeführt von dem tüchtigen Künstler Kriehuber – denn die Photographie, ich brauche es kaum zu sagen, steckte damals noch in den Kinderschuhen –, den einen oder anderen erblickte, der ‚die gute Sache' verraten oder Schwäche gezeigt hatte, rief sie aus: ‚Das war eine Canaille!'"

Mochten die Engländer ihrer Denkweise nach nationale Befreiungsbewegungen auf dem Kontinent auch durchaus bejahen und diese Sympathien als öffentliche Meinung kundtun, die britische Außenpolitik gebot eine davon abweichende Haltung. Aus der Perspektive Londons war die Habsburgermonarchie der natürliche Widerpart zu russischen Expansionsbestrebungen, daher lag es absolut im Interesse des Königreichs, solch ein Bollwerk nicht unterminieren oder abbröckeln zu lassen. In einer Unterhausrede brachte Lord Palmerston dies im Sommer 1849 mit aller Deutlichkeit zum Ausdruck, wenn er sagte: „Die politische Unabhängigkeit und die Freiheiten Europas sind meiner Ansicht nach mit der unversehrten Erhaltung Österreichs als einer europäischen Großmacht verbunden. Alles was unmittelbar oder künftig eine Schwächung und Verstümmelung bewirken oder Österreich gar vom Rang einer Großmacht zu der Stellung eines Staates zweiter Größenordnung degradieren könnte, wäre als bedenkliche Fehlentwicklung zu betrachten. Eine Fehlentwicklung, deren Tragweite jedem Engländer klar sein und die er zu verhindern suchen muß."

Durch den britischen Gesandten in Wien, Mr. Ponsonby, ließ Palmerston dem k. k. Außenminister Felix Fürst Schwarzenberg sogar das Anerbieten interpretieren, zwischen den beiden gegnerischen Lagern, den Österreichern und den aufständischen Ungarn, zu vermitteln. Eine Geste, auf die der kaiserliche Staatsmann erst reagierte, als er sich nach der Niederschlagung der Revolution mit russischer Hilfe seiner Position der Stärke sicher wußte. In der Antwortnote gab er zu verstehen, daß man am Grundsatz der Nichteinmischung festhalten müsse, zitierte als Beispiele drakonische innenpolitische Maßnahmen in Kanada und vor allem in Irland, verband mit diesen Anspielungen weder Tadel noch Urteil, betonte aber, im Umkehrschluß, „daß Personen, die sich zu Richtern über die oft verwickelte Lage fremder Länder aufwerfen, in grobe Irrtümer verfallen müssen."

In einem merkwürdigen Zwiedenken verfocht Palmerston die Sache des Königreichs Sardinien-Piemont gegen Österreich, aus der Überzeugung, die österreichische Machtstellung in Oberitalien sei unhaltbar geworden, erfordere den Einsatz erheblicher finanzieller und militärischer Mittel, einen Kraftaufwand also, der zwangsläufig Aktionen der Donaumonarchie zur Sicherung ihrer Intressen auf anderen Gebieten beeinträchtige. Der Lord faßte seine Ansichten in ein Gleichnis aus der klassischen Mythologie: Italien sei für Österreich „die Achillesferse und nicht der Schild des Ajax". Eine Aufgabe der Territorien Lombardo-Venetiens zugunsten der Errichtung eines norditalienischen Staates der Savoyer-Dynastie sei unvermeidlich.

Als Freunde Österreichs, auf der Basis der Verträge des Wiener Kongresses, warfen die junge Königin Victoria und Prinzgemahl Albert ihr Gewicht in die Waagschale, während im Parlament mit rhetorischen Fragen und Appellen an das Mitgefühl der Abgeordneten für die oberitalienische Bevölkerung und für die Ungarn Partei ergriffen wurde, gegen „Tyrannei, Absolutismus und Despotie", gegen „Radetzky, der mit seinen Horden die Häuser plündert". Der weiße Infanterie-Waffenrock, in den Augen der Österreicher selbst ein Symbol ihres traditionsreichen Soldatentums, galt den Liberalen nicht nur Englands, sondern ganz Westeuropas als das äußere Kennzeichen des Machtinstruments zur Unterdrückung nationalen Freiheitsdranges.

Andererseits vollzog sich bald ein deutlich erkennbarer Wandel der englischen Einstellung Ausländern gegenüber. Kein Geringerer als Theodor Fontane, in seiner Jugend oft auf Reisen und ein wacher Beobachter der Verhältnisse auf der britischen Insel, konstatierte diesen Umschwung. War man früher mit der größten Selbstverständlichkeit „hospitable" und dem Ausländer gern in jeder Hinsicht dabei behilflich, sich in der ungewohnten britischen Lebensweise zurechtzufinden, so wich diese Offenheit nach den kontinentalen Revolutionen und dem Auftreten der Exilbewegungen dem Mißtrauen, der Skepsis, der Wahrung strikter Distanz. Fontane gab die naheliegende Ursache dafür an: „Die Flüchtlinge, die das Jahr '49 an diese Küste warf, haben teils mit, teils ohne Schuld den Fremden diskreditiert. Im Gefolge von Patrioten und Ehrenmännern, die dankbar diese Zufluchtsstätte betraten, überflutete allerhand Gesindel die Straßen und Plätze Londons, und an die Stelle herzlichen Willkomms trat alsbald Abneigung und Ekel. Hundertfacher Mißbrauch des Asylrechts rechtfertigt die Kälte und Abgeschlossenheit nur allzusehr, die englischerseits alsbald zum guten Ton zu gehören begannen."

Lehr- und Wanderjahre eines Attachés

Einem jungen Engländer mit dem sozialen Status Horace Rumbolds eröffneten sich damals nur wenige berufliche Karrieren. Da er selbst nicht zur „landed gentry" gehörte, dem Landadel mit Grundbesitz, blieb ihm, wie vielen jüngeren Söhnen aus großen Familien, de facto die Wahl zwischen einem Offizierspatent der Armee oder einem Posten im Auswärtigen Dienst Ihrer Majestät. Vor diese Alternative gestellt, entschied er sich für die diplomatische Laufbahn, zu der ihn mehrere persönliche Eigenschaften und Vorzüge befähigten: sichere Beherrschung der wichtigsten Sprachen, eine europäisch-kontinentale Erziehung, so daß er sich nicht erst einer fremden Umwelt anpassen mußte wie etwa insular orientierte Briten, und nicht zuletzt seine aufgeschlossene, sanguinische Wesensart, die geistige Beweglichkeit eines eleganten Charmeurs.

Nach kurzer Ausbildung in der „nursery", der Pflanzstätte des Londoner Foreign Office, fand er seine erste diplomatische Verwendung bereits 1849 in Turin. Von dort wurde er 1851 in das habsburgische oder genauer gesagt lothringische Großherzogtum Toscana (aus dem Erbe Franz Stephans eine Sekundogenitur der Dynastie) und noch im selben Jahre nach Paris versetzt. 1852–1854 war er der britischen Repräsentanz in Frankfurt am Main zugeteilt, wo er Kontakte mit dem Freiherrn (später Grafen) Anton Prokesch v. Osten anknüpfte, dem namhaften Politiker und Orientalisten, zu jener Zeit österreichischer Präsidialvertreter beim Deutschen Bundestag. 1854–1856 wirkte Rumbold im Gesandtschaftsdienst in Stuttgart, Baden-Baden und Karlsruhe. Im Herbst 1856 erhielt er die Order, als Attaché nach Wien zu gehen.

„Die südliche Bahnlinie von Stuttgart nach München und Wien existierte damals noch nicht, deshalb mußte ich meinen Weg über Frankfurt, Leipzig und Dresden nehmen. Ich reiste am 20. November ab und verbrachte einen Tag in Dresden bei den Metternichs. Mein Freund Richard, den ich wenige Jahre zuvor als Attaché in Paris wiedergesehen hatte, war nun ‚Envoyé Extraordinaire' am sächsischen Hof und obendrein Ehemann. Seine Gemahlin, deren Name untrennbar mit der Grandeur und dem Glanz des Zweiten Kaiserreichs verbunden ist, war zugleich seine Nichte, die Tochter seiner älteren Halbschwester Gräfin Sándor. Fürstin Pauline Metternich ist viel zu gut bekannt, als daß man sie schildern müßte, und ich wollte mich nicht unterfangen, meine Eindrücke von ihr wiederzugeben, würde ich nicht glauben, daß man ihr, wie es allzu oft bei Persönlichkeiten in so exponierter Position der Fall ist, kaum gerecht wird. Ich stehe für so viele einst erwiesene Freundlichkeiten in ihrer Schuld, daß ich es versuchen will, ihr in diesen Erinnerungen bescheidenen Dank abzustatten."

„Als ich Fürstin Pauline in Dresden kennenlernte, war sie

„Wie ein Komet“, Rumbolds Protektorin Fürstin Pauline Metternich, auf einem Jugendbildnis von Franz Xaver Winterhalter

‚la plus jolie laide‘, die man sich vorstellen kann. Schöne dunkle Augen, sprühend von Witz und Klugheit, sehr hübsches Haar, eine Gestalt von vollkommener Grazie – groß, schlank, voll Rasse, mit wohlgeformten Händen und Füßen und als Krönung des ganzen ‚le plus grand air du monde‘ – all dies machte leicht ihre unregelmäßigen Gesichtszüge wett, von denen sie selbst sagte: „Je suis le singe à la mode!‘ Ein höchster ‚instinct d’élégance‘, der ans Geniale grenzt, verschaffte ihr zurecht den Rang einer der prägenden Erscheinungen des Zeitalters, wenngleich das neuartig Ausgefallene der Kleidung und des Gehabens und die freie Redeweise, der sie zuweilen nachgab, bei den viel zu vielen bemühten Nachahmern ihres Stils zu peinlichen Übertreibungen geführt haben mag. Was bei ihr selbst ein Überschäumen der Einbildungskraft war, spontane Äußerung eines ungemein lebhaften, originellen Temperaments, das entartete bei anderen zu leicht zu bloßer Gewöhnlichkeit oder Karikatur. Wie ein Komet war sie in ihrer Bahn manchmal phantastisch, aber auch wie ein Komet strahlend, von einer Leuchtkraft ohnegleichen am Firmament des eleganten Lebens. Man darf es gewiß nicht ihr vorwerfen, wenn die kleinen Gestirne, die ihren Lauf kreuzten, in solch lächerlichen Spiralen um sie kreisten. Nur wer sie gut kennt, kann sagen, wie geradlinig und unerschrocken sie Zeit ihres Lebens war, wie groß ihre Zuneigung zu dem wahrhaft liebenswürdigsten Mann, ihrem Gemahl. Wer mit ihr vertraut ist, kann ihre Anhänglichkeit an die Freunde bezeugen, ihre ungenierte Aufrichtigkeit und Aversion gegen alles Unechte, ihr vernünftiges Urteil, sofern sie sich nicht von Leidenschaft oder Voreingenommenheit hinreißen läßt. Ich genoß den Vorzug ihrer Freundschaft viele Jahre und kannte sie nie anders als wahr, offen und treu und für einen Menschen in so prominenter Stellung von einzigartiger Natürlichkeit. Last, but not least ist sie die denkbar amüsanteste Gesprächspartnerin.“

„Fürstin Pauline empfing mich sofort als einen alten Freund ihres Gemahls und gab mir viele nützliche Hinweise über die neue Gesellschaftssphäre, in der ich nun Fuß fassen sollte.“

2.
Der Attaché als Bonvivant (1856–1857)

Von Dresden reiste Rumbold per Bahn einen Tag und eine Nacht lang nach Wien, wo er an einem trüben Novembermorgen eintraf und sich zunächst „im altväterischen ‚Römischen Kaiser'" einmietete, dem heute nicht mehr bestehenden renommierten Gasthof in der Renngasse, in dem um die Mitte des vorigen Jahrhunderts Fremde von Rang abzusteigen pflegten.

„Der Ausblick durch das Fenster meines Schlafzimmers über die vom ersten Schneefall jenes Winters knöcheltief im Matsch schwimmende Freyung und zur breit gelagerten Fassade des Palais Harrach, das man hinter mißfarbigen Nebelschleiern gerade noch ausnehmen konnte, wirkte gewiß nicht besonders erfreulich oder aufmunternd."

„Sobald ich in Erfahrung gebracht hatte, daß sich unsere Gesandtschaft in nächster Nähe befand, nämlich im Palais Clary in der Herrengasse, wollte ich mich ungesäumt bei meinem neuen Vorgesetzten melden."

Ein Vollblutdiplomat Alter Schule

Den britischen Geschäftsträger, der seinen Wiener Posten seit 1855 bekleidete, charakterisierte Rumbold mit der ihm eigenen feinen Ironie sehr treffend und, ja, ein wenig im Stil einer Figur aus der Welt von Charles Dickens:

„Sir Hamilton Seymour war ein ‚diplomate pur sang', von jener Art, die man gemeinhin und ziemlich abschätzig ‚Alte Schule' nennt. Womit gesagt sein soll, daß er eher ein kluger, aufmerksamer Beobachter denn ein ‚homme de cabinet' war. Ein Meister seiner Kunst, aus Zeiten, in denen sie noch wahrhaftig als solche gelten durfte. Die Verständigungsbereitschaft in Person. Ein bezaubernder Causeur mit einem unerschöpflichen Anekdotenschatz, ein Liebling der Damenwelt,

Der junge Attaché und spontane Wien-Freund Horace Rumbold

geübt in allen Finten, die zum Rüstzeug jener verflossenen Epoche der Diplomatie gehörten, als Kriege in Boudoirs erklärt und Friedensschlüsse in Alkoven besiegelt wurden."

„Er hegte wenige feste Überzeugungen und noch weniger Vorurteile und war bisweilen bei der Wahl der Mittel für einen guten Zweck kaum von allzu großen Skrupeln beschwert. Zugleich hatte er etwas veraltete Ansichten darüber, daß es nur einen einzigen Ehrenkodex für staatspolitische wie private Handlungen gebe. Er glaubte an die Heiligkeit internationaler Verpflichtungen und an eine energisch auf deren Erfüllung ausgerichtete Politik. Ich habe den Eindruck, daß er nicht in der Lage war, sich mit der ‚fortschrittlicheren'

Auffassung zu befreunden, die den Bruch vertraglicher Vereinbarungen billigt."

„Als ich Sir Hamilton kennenlernte, war er ein Mann an die Sechzig. Ich sehe ihn noch immer vor mir, in einem blauen Frack von altmodischem Schnitt mit goldenen Queen's-Knöpfen und hohem Kragen über einer schönen Samtweste. Bis auf einen entschlossenen Zug um den Mund zeigte sein Gesicht geringe Festigkeit, war aber von unvergleichlicher ‚finesse'. Auch hatte er die Eigenheit kultiviert, wie ein Vogel den Kopf zur Seite zu neigen, und wenn er sein Gegenüber mit einem lustigen Blinzeln anblickte, war seine Austrahlung von Heiterkeit unwiderstehlich und muß den feierlichen Ernst ausländischer Verhandlungspartner auf harte Proben gestellt haben. Ich brauche kaum zu sagen, daß er der liebenswürdigste Vorgesetzte und ebenso der beste Lehrmeister war. Er hatte nur den einen Fehler, unentwegt Schriftstücke zu produzieren. Dank eines erstaunlich guten Gedächtnisses waren seine Depeschen wahre Muster an genauer Berichterstattung, doch in fahriger, fast unleserlicher Handschrift kreuz und quer über das Blatt gekritzelt, schienen sie für unseren gemächlichen Kanzleibetrieb etwas zu rasch und zu reichlich aus seiner Feder zu fließen."

„Lady Seymour hatte sich noch immer viel von ihrer Schönheit bewahrt, war eine ausgezeichnete ‚maitresse de maison' und machte die ‚honneurs' der Gesandtschaft mit vollendeter Grazie und gerade genug natürlicher Hoheit, um bei der exklusiven Wiener Gesellschaft beliebt zu werden. Über Miss Seymour kann ich nur sagen, daß wir alle ihre ergebenen Verehrer waren. Der öde, schmutzige Hinterhof, über dem wir drei Stockwerke hoch in unserer Kanzlei arbeiteten und bisweilen die Zeit mit Rauchen und Geplauder hinbrachten, wirkte heller und sonniger wegen eines gewissen Fensters im ersten Stock, wo sie zu sitzen pflegte – wie ein zum Leben erwachtes Bild von Greuze in einem zierlichen Rahmen aus Kletterpflanzen, Blumentöpfen und Vogelkäfigen –, über ihre häusliche Arbeit oder ein Buch gebeugt, vielleicht nicht ohne insgeheim zu bemerken, daß sie von der anderen Hofseite aus respektvoll bewundert wurde . . ."

Aus dem Kreis seiner Kollegen hob Rumbold den sehr fähigen Sir Robert Morier hervor, der sich später zu einem gründlichen Kenner der deutschen Politik und entschiedenen Gegner Bismarcks entwickelte.

„Während meines Turnus in Wien unternahmen wir gemeinsam mehrere ausgedehnte Reisen durch Südungarn, das Banat und die kroatischen Grenzbereiche, durchquerten ganz Bosnien und die Herzegowina und kehren zu Schiff auf der Adria zurück. Diese Touren ergaben das Material für zwei ausführliche Berichte über die Organisation der österreichischen Militärgrenze und über die Geschichte und die politischen Bestrebungen der Südslawen, Memoranden, die Meisterwerke ihrer Art waren und damals kaum bekannte Themen behandelten. Seither bekam die Welt allerdings viel darüber zu hören."

Exterritorial in Wiener Adelspalästen

Der Umstand, daß die britische Gesandtschaft ihren Sitz in Teilen des Palais eines der führenden Adelsgeschlechter des alten Österreich hatte, spiegelt eine zeittypische Situation und die allmählichen Veränderungen aristokratischer Lebenshaltung wider. Häufig wechselten solche Gebäude im Verlauf ihrer Existenz vom Barock oder Josefinismus her die Eigentümer, wenn etwa die Bauherrnfamilie ausstarb oder sich aus irgendwelchen sachlichen Gründen zur Veräußerung entschloß – der Grund für die heute üblichen Doppelnamen mancher Paläste in der Inneren Stadt, z. B. „Palais Caprara-Geymüller".

Geschlechter, die in Niederösterreich, Böhmen, Mähren oder Ungarn begütert waren und jeweils nur wenige Monate in Wien verbrachten, benötigten im 19. Jahrhundert nicht mehr den großen, repräsentativen – und auch sehr kostspieligen – Rahmen, den ihnen die höfisch orientierten Vorfahren hinterlassen hatten. Deshalb wurden nicht wenige der prächtigen Stadthäuser mit ihren Festsälen und Fluchten nobler Salons zur Gänze oder, wie hier im Fall des Palais Clary, partiell vermietet.

Als Interessenten dafür kamen ausländische Vertretungen in Betracht, die je nach dem internationalen Rang ihrer Heimatstaaten ein entsprechend feudales Ambiente brauch-

Das Palais Clary in der Herrengasse, um die Mitte des 19. Jahrhunders Sitz der Britischen Gesandtschaft

ten. Denn seit dem Wiener Kongreß mit seinen weitreichenden wechselseitigen Vertragssystemen und der „Heiligen Allianz“ kam ständigen diplomatischen Beziehungen erhöhte Bedeutung zu. Nicht bloß die Großmächte, auch gewichtlose deutsche und italienische Duodezstaaten waren repräsentiert. Die Amtssitze befanden sich größtenteils in dem Viertel der Herrengasse und des Minoritenplatzes, also in nächster Nähe der Hofburg, und in der Zone der Kärntner Straße.

1856/57, während Horace Rumbolds Tätigkeit als Attaché, nahmen im unmittelbaren Radius der Britischen Gesandtschaft die Missionen der Herzogtümer Nassau und Braunschweig ihre Pflichten wahr. Im Palais Dietrichstein auf dem Minoritenplatz residierte der Geschäftsträger Bayerns. Der königlich hannoversche Gesandte hatte die Adresse Palais Batthyány, Bankgasse. Auf der Freyung, im Palais Kinsky, figurierten die Herzogtümer Lucca und Parma sowie das Großherzogtum Mecklenburg-Schwerin in enger Nachbarschaft. In der nahen Wallnerstraße arbeiteten niederländische und türkische Legationsräte im selben Haus, fast Tür an Tür – so schüttelte die Exterritorialität die reale, atlasgerechte Geographie kaleidoskopisch durcheinander!

Die preußischen Diplomaten waren im Palais Esterházy, Kärntner Straße, anzutreffen, dem Königreich Sachsen standen im Palais Breuner, Singerstraße, stilgemäße Appartements zur Verfügung. In das Gräflich Sinzendorfsche Stadthaus, Johannesgasse, teilten sich zwei höchst ungleiche Mächte: das gewaltige Rußland und das durch die Ereignisse des Risorgimento bereits akut in seinen Hoheitsrechten bedrohte Königreich Beider Sizilien. Den kürzesten Weg in die Hofburg hatte der schwedische Gesandte: vom Großen Michaelerhaus an der Ecke des Kohlmarktes quer über den Platz. Selbstverständlich im offiziellen Wagen. Diplomatische Enklave des französischen Kaiserreichs Napoleons III. war das Pálffysche Palais in der Wallnerstraße, ein klassizistischer Bau, den zur Zeit des ersten Napoleon der Franzose Pierre-Charles de Moreau errichtet hatte, worin man eine gewisse Vorherbestimmung erblicken mag.

So entfächerte sich damals das diplomatische Spektrum von Imperien bis zu eher dekorativen, anekdotischen als realpolitischen Staatsgebilden im innersten Stadtkern Wiens.

Das „wahre Wien“ – eindrucksvoll und übervölkert

Sehr rasch machte sich Rumbold ein Bild von seiner neuen Umwelt und ihren topographischen Differenzierungen, übersah dabei auch nicht die Schattenseiten der gegebenen Verhältnisse in der letzten, allerletzten Phase vor der großen städtebaulichen Veränderung.

„Nur die Innere Stadt allein war das wahre Wien, die weitläufigen Vorstädte Mariahilf, Landstraße, Wieden, Leopoldstadt und die übrigen, mit hunderttausenden Bewohnern, betonten zwar ihre Zugehörigkeit zur Kaiserstadt – eine Auffassung, die unwissende Geographen und Autoren von Reisehandbüchern gelten ließen –, wurden aber nicht als wirklich echt wienerisch eingeschätzt, sondern sozusagen als Vettern vom Lande betrachtet und durch die breite Zone des Glacis, welches die historischen Befestigungsanlagen umgab, in Respektabstand gehalten.“

„Dieser besonderen Gliederung verdankte das alte Wien ein ganz eigenes ‚cachet‘, das der Stadtkern durch die Verschmelzung mit der Masse von ‚Neu-Wien‘ völlig verlor. Keine Stadt dieser einstigen Größenordnung hatte eine so eindrucksvolle, malerische Promenade aufzuweisen wie jene auf den alten Basteien, von wo der Blick über den grünen, parkartigen Vordergrund des Glacis schweifte, mit breiten Fahrstraßen und allgemein zugänglichen Gartenpartien und in der Ferne vom weißen Mauerwerk der Vorstädte gesäumt.“

„Es stimmt, daß eben jener Einteilung Wien auch seine mißlichen Verhältnisse als übervölkerter, dumpfer, ungesunder Wohnort verdankte, wie man ihn in diesem Zeitalter wissenschaftlich betriebener Hygiene kaum mehr anderswo finden konnte. Eine weise Vorsehung indes sorgte für stetige, heftige Luftbewegung durch das Donautal, welche die Stadt zu einem wahren Tempel der Winde machte und so bis zu einem gewissen Grad vor schweren Epidemien schützte, aber allen Menschen, die an Krankheiten der Atemwege litten, ungemein gefährlich wurde.“

„Die Mieten waren schon enorm hoch, und Wohnungen – in Anbetracht der Kosten elend – sehr schwierig zu bekommen. Denkt man sich den Straßenlärm hinzu, die erheblichen

Gefahren für Leib und Leben, die nur durch die außerordentliche Geschicklichkeit der Kutscher abgewendet wurden, die Feuchtigkeit, Kälte und Düsternis schachtartiger Häuser, die kaum jemals ein Sonnenstrahl traf, dann erkennt man, daß diese so überaus fröhliche, faszinierende Stadt auch ihre argen Mängel hatte."

Delirien im Volksgarten und draußen beim „Sperl"

Als großer Johann-Strauß-Verehrer und erklärter Liebhaber der Wiener Musik seit seinen ersten Impressionen in Brighton wollte sich Rumbold so bald als möglich bei dem kurz vorher von seinem ersten Rußlandaufenthalt zurückgekehrten jungen Walzerkönig „akkreditieren".

„Am ersten Sonntagnachmittag, den ich in Wien verbrachte, nahmen mich meine Kollegen zu einem Konzert im Großen Saal des Volksgartens mit, und nie werde ich die Ovationen vergessen, mit denen Strauß, der einige Monate auf Auslandstournee gewesen war, von der großen Menschenmenge begrüßt wurde, als er das Orchesterpodium betrat. Eine oder zwei Minuten blieb er ruhig stehen, offenbar tief gerührt über diesen Willkomm. Dann wandte er sich den hinter ihm sitzenden Getreuen zu, ergriff seine Geige und spielte die ersten Takte der ‚Juristenballtänze' mit solch hinreißendem Schwung, solcher Süße und Tonfülle seines eigenen Instruments, daß er wie ein Seraph wirkte, der über eine Schar gewöhnlicher Fiedler gebietet, wäre es nicht treffender zu sagen ‚Qu'il avait le diable au corps'."

„Zwischen ihm und den Zuhörern schien förmlich eine elektrische Spannung zu walten. In raschem Tempo folgte ein Lieblingsstück dem anderen, mit solch frenetischem Jubel begrüßt, von solchem Füßestampfen und bei den beliebtesten Stellen vom vielstimmigen Chor der Mitsingenden begleitet, daß man schier meinte, Boden und Saaldecke, Flaschen, Gläser, Stühle, Tische, Luster, Mann, Weib und Kind, alles wiege und drehe sich im Kreis und gerate unter der Macht seines zauberischen Fiedelbogens in einen immer tolleren Wirbel."

Doch der junge Gentleman verschmähte auch nicht die Stätten, wo es ganz ohne „Pflanz“ zuging. In den volkstümlichen Vorstadtlokalen, beim „Sperl“ in der Leopoldstadt etwa oder beim „Großen Zeisig“ in Mariahilf, müsse man die Strauß-Melodien hören, meinte er. Dort entfalte sich der rauschhafte Zauber des Dreivierteltaktes am ursprünglichsten.

„Inmitten des Tabakrauchs und zwischen Bierkrügen, in weitläufigen, dürftigen und schlecht beleuchteten Räumen, voll von Tischen, an denen sich fröhliche, leichtsinnige Paare drängen, deren Verbindung mit dem ersten Walzer jenes Abends begann und wohl kaum die letzte Polka der Woche überdauern wird.“

Damit ist eine flüchtige Beziehung, ein Gspusi, fast schon im Stil Arthur Schnitzlers angedeutet. Rumbold besaß eben von Natur aus einen guten Blick für seine jeweilige Umwelt und sehr, sehr viel Einfühlungsvermögen!

Krimkrieg auf dem Spielzeugtisch

Im November hatte sich das österreichische Kaiserpaar nach Triest begeben, um von dort nach Venedig und Mailand weiterzureisen, ein Aufenthalt in Lombardo-Venetien, der bis zum März 1857 dauern sollte und für Franz Joseph angesichts der unverhohlenen Risorgimento-Sympathien namentlich der Milanesen wenig erfreulich verlief. Es war eine Fahrt durch seiner Machtsphäre immer mehr entgleitende Gebiete.

Die Weihnachten 1856 feierte man in der Britischen Gesandtschaft ganz zeitgemäß mit Reminiszenzen an den vor kurzem beendeten Krimkrieg. Auf besondere Weise wurde jenes Waffengangs an dem Fluß Alma gedacht, in dem die Alliierten am 20. September 1854 einen Sieg über die Russen errangen, der ihnen den Vorstoß in Richtung Sewastopol ermöglichte.

„Der jüngste Sohn der Seymours, George, noch ein Schuljunge, war unter der Obhut eines Diplomatischen Kuriers zu den Feiertagen nach Wien gekommen. Für ihn und die jungen Damen wurde ein großer Christbaum aufgestellt. Dazu leisteten wir folgenden sonderbaren Beitrag: Wir kauften alle

Schachteln voll Zinnsoldaten in englischen, französischen und russischen Uniformen, die in der Stadt zu haben waren, und verbrachten den ganzen Weihnachtstag damit, auf einem großen Tisch im Ballsaal die Schlacht an der Alma aufzubauen. Kein Geringerer als Sir Hugh Rose, späterer Lord Strathairn, damals in militärischer Mission in Wien und temporär der Gesandtschaft zugeteilt, leitete uns dabei an. Es bot zweifelos einen spaßigen Anblick, als sich alle Attachés unter dem Kommando solch eines verwegenen Haudegens mit diesem Spielzeug beschäftigten."

„Aber ich muß sagen, daß unsere Darstellung des Schlachtengeschehens recht eindrucksvoll war. Große Kissen, mit einem grünen Tischtuch bedeckt, bildeten die von den russischen Truppen besetzten, Tod und Verderben bringenden Hänge. Der Verlauf der Alma war durch Bäume markiert. Kleine verteilte Wattebauschen deuteten den Pulverdampf der Kanonen und der Gewehre an. Da gab es die angreifenden Kolonnen der Alliierten mit ihren Lagern im Hintergrund, dazu die französischen und die britischen Stäbe. Die Hauptmacht der Russen auf den Anhöhen. Den Kampf um die Telgraphenstation und um die große Schanze. Und in weiter Ferne jenes geheimnisvolle Armeekorps Osten-Sakken, von dem es immer hieß, es sei im Anmarsch von Odessa her, das aber niemals kam!"

Sir Hamilton Seymours düstere Prognosen

Dieser Krieg, den man in den Gesandtschaftsräumen des Palais Clary en miniature so schön distanziert und im Bewußtstein überstandener Gefahren betrachten konnte, war im März 1856 durch den Friedensschluß von Paris beendet worden. Für den jungen Kaiser Franz Joseph hatte der erste große internationale militärische Konflikt seit den Tagen Napoleons eine harte und keineswegs glanzvoll gemeisterte Belastungsprobe gebracht. Rußland hatte sich – als Gegenleistung für die 1849 im Kampf mit den Ungarn gewährte Waffenhilfe – den Beistand der Donaumonarchie erhofft und Wiens Zögern, das Verharren in einer von Unentschlossenheit diktierten Neutralität, als Beweis krasser Undankbarkeit aufgefaßt.

Die Westmächte ihrerseits hatten sich in der Vermutung getäuscht gesehen, Österreich werde aktiv für das Osmanische Reich Partei ergreifen, gemeinsam mit Britannien, Frankreich und Sardinien, das durch dieses Bündnis und die Beteiligung am Krieg seine internationale Position wesentlich und für die nähere Zukunft so verheißungsvoll verbesserte, daß man später sagte, die ersten Siege im Kampf um die Einigung Italiens seien eigentlich bereits auf den Schlachtfeldern der Krim errungen worden. Die österreichische Generalität hatte sich entschieden für eine Allianz mit dem Zaren ausgesprochen, die Diplomaten hingegen hatten nachdrücklich zur Eingliederung in den antirussischen Block geraten, ein Kräftespiel, das dazu führte, daß Österreich in der Schwebe einer nach beiden Seiten unersprießlichen Neutralität blieb und da wie dort empfindliche Vertrauensverluste hinnehmen mußte. Die Folgen solchen Schwankens waren am einfachsten und treffendsten in das populäre Gleichnis von dem Mann zu fassen, der zwischen zwei Stühlen auf den Boden zu sitzen kommt. Diese Haltung rächte sich wenige Jahre später, als der Kaiserstaat in der Auseinandersetzung mit Sardinien und Frankreich um Oberitalien nur zu deutlich merken mußte, daß er, de facto in eine Isolation gedrängt, unter den Großmächten keine Verbündeten fand.

Österreichs einziger definitiver Schritt bestand in der militärischen Okkupation der beiden Donaufürstentümer Moldau und Walachei, der Kernlande des nachmaligen Königreichs Rumänien – eine Aktion, die darauf abzielte, dem russischen Einfluß in jenem Raum entgegenzuwirken, aber im Effekt nur finanzielle Belastungen brachte, ohne jeden außenpolitischen Gewinn. Eine andere Frage ist freilich, ob die Habsburgermonarchie während des Prozesses der schwierigen inneren Festigung nach 1848 in diesem Dilemma anders hätte handeln können, als einen Kurs einzuschlagen, bei dem sie nicht aus ihrer Reserve heraustrat.

Solche Probleme veranlaßten Sir Hamilton Seymour zu düsteren Prognosen für einen Eventualfall und zu bangen rhetorischen Fragen an die Zukunft. Im Jänner 1857 schrieb er nach London: „Eine plötzlich ausbrechende neue europäische Krise würde sich selbst für das sonst so vom Glück begünstigte Haus Habsburg als höchst gefährlich erweisen.

Aber wenn einmal die Macht Österreichs völlig vernichtet ist, wo wird dann ein Wall gefunden werden, welcher die Zivilisation gegen einen neuerlichen Vorstoß nordischen Barbarentums schützen kann?“

Der amüsanteste Salons Wiens

Von all diesen Spekulationen blieb der junge Horace Rumbold unbeschwert. In seiner beruflichen Stellung hatte er sich nicht zu Politika des Gastlandes zu äußern, wiewohl wichtige Berichte, in des Gesandten arger Klaue aufs Papier geworfen, durch seine Hände gingen. Deshalb überwiegen in den ersten Partien seiner Wiener Memoiren die Schilderungen des Privatmannes, die Kulturbilder und Gesellschaftsszenen, er selbst ironisiert sie einmal als den „leichtfertigen Teil“ seiner Erinnerungen. Aber Rumbold erzählt eben mit der Unmittelbarkeit persönlichen Erlebens, als Augenzeuge jener Zwischenepoche, die vom Nachbiedermeier zur Ringstraßenzeit überleitete, erzählt im Ton eines heiteren, gewandten Kavaliers, ohne ins Geschwätzige des Society-Klatsches zu verfallen. Diese anerzogene Delikatesse, die ihn allerdings nicht hinderte, bisweilen Kritik zu üben oder seine Verwunderung über ihm befremdlich Erscheinendes auszusprechen, verleiht in Verbindung mit einer eleganten urbanen Art den niedergeschriebenen Impressionen einen eigenen kulturgeschichtlichen Reiz.

Die Sphäre, zu der Rumbold als ausländischer Attaché Entree fand, war der Kreis der österreichischen Aristokratie, welche die Wintermonate in ihren Stadtpalais verbrachte. Er verkehrte bei der damals in den Adelszirkeln prominenten Fürstin Lori (Eleonore) Schwarzenberg und bei der Fürstin Schönburg, einer Schwester des verstorbenen Ministerpräsidenten Felix Fürst Schwarzenberg. Doch den Vorzug gab er, wie es scheint, einem anderen der noblen Häuser.

„Den anregendsten, amüsantesten Salon im Wien jener Zeit hatte zweifellos Gräfin Hélène Esterházy, eine reiche Witwe russischer Herkunft, deren Tochter Julie, aus erster Ehe mit einem Grafen Apraxin, die Gemahlin von Arthur Batthyány war, der allgemein „Turi“ genannt wurde. Über

Damen der Wiener Gesellschaft auf einem Modeblatt aus dem Jahr 1857

dieses Haus brach seither das Verhängnis in jeder erdenklichen Form herein, in Wien kennt man es nicht mehr, und was die fröhliche Julie mit ihren reizvollen Armen und ihrer wunderschönen, etwas üppigen Figur betrifft, ziemt es sich kaum, danach zu fragen, wie es ihr im weiteren wirren Verlauf ihres Lebens erging."

„Die interessanteste Persönlichkeit der Coterie, die sich regelmäßig in der gastfreien Heimstätte der Gräfin Hélène versammelte, war wohl Prinzessin Julie Obrenovich, geborene Hunyadi, die Gemahlin des Prinzen Michael, der später in Belgrad einem grausamen Mordanschlag zum Opfer fiel. Sie war schöner als alle übrigen und von einer ganz eigenen hoheitsvollen Anmut, galt aber als kalt und ausdruckslos. Diese Kritik entbehrte nicht völlig eines Kerns von Wahrheit. Tatsache ist, daß sie und einige andere der hübschesten Wiener Frauen in auffallender, exemplarischer Weise jenes Verhalten zeigten, welches bei einer Generation häufig durch die Tollheiten der vorhergegangenen bewirkt wird. Die Prinzessin Obrenovich und ihre gleichalterigen Gefährtinnen waren sittenstreng, ja prüde, im Kontrast zu ihren Müttern, denen man Gegenteiliges nachsagte. Obwohl Julies kinderlose Verbindung mit dem halbbarbarischen Serben in dem Ruf stand, nicht gerade die glücklichste zu sein, verstummten in ihrer Anwesenheit alle Gespräche über Skandale, und keine ‚feinen Giftspitzen boshafter Rede, die da verletzen und dort ritzen‘ richteten sie je gegen ihre edle Erscheinung. Ich machte mir damals den Spaß, in verblümter Anspielung auf sie, jenes köstlich spöttische Gedicht Heines zu vertonen, dessen Text lautet:

‚Es liegt der heiße Sommer
Auf deinen Wängelein;
Es liegt der Winter, der kalte,
In deinem Herzchen klein
Das wird sich bei dir ändern,
Du Vielgeliebte mein!
Der Winter wird auf den Wangen,
Der Sommer im Herzen sein.‘“

„Diese kleine Aufmerksamkeit erheiterte sie sehr, aber soviel ich weiß, hat sich die darin enthaltene Prophezeiung nie erfüllt.“

„Julie ‚Turi‘ (Batthyány) hegte eine große Vorliebe für die Schauspielerei, die sie in ihrem späteren exzentrischen Leben sogar bewog, sich in Paris für die Bühne auszubilden und ein Rolle an der Comédie Française anzustreben. Zu Beginn des Jahres 1857 veranstaltete sie ein ‚spectacle de société‘ in einem winzigen Theater in der Vorstadt Mariahilf, das einem Baron Dietrich gehörte. Die noch nie dagewesene Attraktion dabei war ein regelrechtes Ballett, bestehend aus einer Anzahl blutjunger Comtessen, mit ihr selbst als ‚première danseuse‘.

Primo ballerino war Graf Pölzig, ein sehr gutaussehender junger sächsischer Offizier, der 1866 bei einer Reiterattacke in der Schlacht von Königgrätz fiel, im Corps de ballet taten auch einige Attachés mit. Es war eine gewagte, aber äußerst erfolgreiche Aufführung, und nichts konnte komischer sein als die Proben dazu, die ein despotischer alter italienischer Ballettmeister des Kärntnertortheaters in gebrochenem Deutsch leitete."

„Auch ich wurde für dieses Vorhaben ‚zwangsrekrutiert' und erhielt eine Rolle in einem Vaudeville, das in der Zeit Ludwigs XV. handelte, es trug den Titel ‚Dieu vous bénisse!' Darin gab es eine entsetzlich schwierige Situation mit einer ‚déclaration à genoux' (Liebeserklärung im Knien), in deren Verlauf ich unauffällig eine Prise aus einer Schnupftabakdose nehmen mußte, welche Julie Batthyány, die wachsame Schwägerin meines präsumtiven Opfers, in einer Anwandlung von Bosheit mit pulverisierter Betonie gefüllt hatte, dem stärksten aller Niesreizmittel. Infolgedessen waren meine leidenschaftlichen Ausbrüche von heftigen Niesexplosionen durchsetzt, und meine anfangs so verführerische Werbung nahm ein schmähliches Ende. Diese absurde Szene erforderte natürlich viele Proben, bei denen ich Gelegenheit hatte, mich davon zu überzeugen, welch ein wahrhaft reizendes, unbefangenes Geschöpf meine Prinzessin mit dem winterlichen Herzen war, denn *sie* war es, der meine Liebeserklärung galt. In all meinen Erinnerungen kann ich mir gewiß nichts Strahlenderes vergegenwärtigen, als ihre Erscheinung am Abend der Aufführung, in einem Pompadour-Kostüm aus weißer Seide, mit gepuderter Frisur und prachtvollem Perlenschmuck – sie, die selbst eine Perle von erlesenster Schönheit war. Später wandte sie sich während der kurzen Herrschaft ihres Gemahls über Serbien der Politik zu und übernahm die Aufgabe, die Sache jenes Fürstentums bei den Westmächten zu vertreten. Sie bewirkte eine große Sensation in London, als sie dort eintraf, um wegen der serbischen Thronfolge die Ratschläge des hervorragenden Sir Charles Lecock zu erbitten."

Metternich als Anekdotenerzähler

Seit dem Herbst 1851 lebte Fürst Metternich wieder in Wien. Ein sehr taktvoll abgefaßtes kaiserliches Handschreiben hatte ihm den Rückweg aus der Verbannung geebnet und die Möglichkeit geboten, das Dekorum zu wahren. Der junge Herrscher empfinde das Bedürfnis, so stand in dem Brief, dem einstigen Staatskanzler für dessen Leistungen im Interesse des Kaisertums Österreich persönlich zu danken – womit immerhin die Verdienste aus der Ära der napoleonischen Kriege und des Wiener Kongresses gemeint sein konnten . . .

Selbstverständlich wurde Horace Rumbold auch in der Villa bei der Kirche der Salesianerinnen empfangen. Im privaten Kreis lernte er den hochbetagten, an mancherlei Alterserscheinungen leidenden Hausherrn von einer ganz ungewohnten Seite kennen.

„Der interessanteste Salon war jener Metternichs am Rennweg. Dort machte Fürstin Melanie, meine gute Bekannte aus Brighton, die Honneurs, und man konnte dem tauben, etwas weitschweifig gewordenen alten Staatsmann zuhören, wenn er stundenlang historische Erinnerungen erzählte. Eine seiner Lieblingsgeschichten handelte natürlich von seiner entscheidenden Begegnung mit Napoleon in Dresden, als der verblüffte, ergrimmte Eroberer, der erkannte, daß Österreich im Begriff sei, sich den Verbündeten anzuschließen, in einer seiner gespielten Tragöden-Aufwallungen seinen Zweispitz zu Boden warf, insgeheim hoffend, Metternich werde ihn aufheben, und um so dessen Willfährigkeit zu prüfen."

„Der Fürst wußte einige köstliche Anekdoten über den beschränkten Kaiser Ferdinand. Eines Tages hatte Metternich Gelegenheit, seinen erlauchten Herrn mit einigen Schriftstücken von höchster Wichtigkeit aufzusuchen, für die er sofort kaiserliche Sanktion benötigte. Er fand den Monarchen am Fenster zum Inneren Burghof stehend, der unter der väterlichen habsburgischen Herrschaft seit langem eine der belebtesten Durchfahrtstrecken Wiens war. Mit den Fingern trommelte der Kaiser im Marschtakt an die Glasscheibe, sein Blick war wie gebannt auf den Strom von Wagen und Fußgängern gerichtet, hin und wieder murmelte er Unverständliches. ‚Majestät, ich bitte ergebenst um kurze Aufmerksamkeit',

Der nach Wien zurückgekehrte greise Fürst Clemens Metternich

sagte Metternich. ‚Lassen S' mi aus!' lautete die souveräne Antwort, ohne ein Wenden des Kopfes. Respektvoll wies Metternich auf die Dringlichkeit der Sache hin. ‚Lassen S' mi aus!' wiederholte der Erbe der Cäsaren mit merklichem Unmut. Der Staatskanzler faßte sich in Geduld und wartete. Nach einigen Minuten kehrte ihm der Kaiser das erhabene Antlitz zu und rief triumphierend: ‚Hundertfünfunddreißig!' Majestät hatten nämlich mit sich selbst gewettet, daß der Fiaker, der diese Nummer trug, binnen einer bestimmten Frist durchfahren werde, und soeben hatte Ferdinand diese Wette gewonnen, wie er nun voll Freude dem erstaunten Staatskanzler mitteilte."

„Ein andermal, auf einem Hofball, suchte sich der Kaiser

bei einer Quadrille zu vergnügen, aber seiner Partnerin – eine der hübschesten Frauen Wiens – fiel auf, daß er ungewöhnlich mißgestimmt und bedrückt wirkte. Vielleicht Schwierigkeiten irgendwo im Kaisertum? Die Dame wagte die Frage nach dem Grund der Betrübtheit Seiner Majestät. ‚Ach, Gräfin', erwiderte Ferdinand seufzend, ‚i hab a faule Wurzel' (einen schlechten Zahn). Dann, mit einer rührenden Hoffnung auf das Mitgefühl einer etwaigen Leidensgenossin: ‚Haben S' auch a faule Wurzel?'"

„Als der Pianist Thalberg bei Hof eine glanzvolle Probe seines Könnens geboten hatte, trat der Monarch auf ihn zu und sagte: ‚Ah, wirklich außerordentlich!' Und als der Künstler sich zum Zeichen seines Dankes für das gnädige Lob tief verbeugte, fügte der Kaiser hinzu: ‚Ja, ja! I hab schon viele spielen g'hört, aber so g'schwitzt wie Sie hat noch keiner!'"

„Leider machte ich mir keine Notizen über die Erlebnisse in jenen zauberhaften sorglosen Tagen, so daß vieles der Niederschrift Wertes, was ich sah und hörte, für mich nun unwiederbringlich verloren ist."

Baron Bach, der Talleyrand des Neoabsolutismus

Über die innenpolitische Situation auf seinem diplomatischen Posten sprach Rumbold erst, als aus der Aktualität längst Historie geworden war.

„Mein Wiener Turnus fiel in die Ära straffster Zentralisierung, die den Namen des Barons Bach trägt. Doch gleichzeitig gewährte Bachs System der Presse beträchtlichen Spielraum, und für einen Fremden war es schwierig, die ungeschminkte Kritik in den Wiener oder Pester Zeitungen mit der Wirklichkeit des despotischen Regimes in Einklang zu bringen, über das sie so freimütig urteilen durften. Ich konnte das gleiche seltsame Phänomen später in Rußland feststellen. Es ist ein Faktum, daß gerade besonders strenge Regierungen offene Äußerungen der Unzufriedenheit gelten lassen, denn sie haben die Erkenntnis gewonnen, daß freie Diskussion in gewissen Grenzen ein Sicherheitsventil ist und aus bloßen Gesprächen kaum Gefahren entstehen, so lange der Wille und die Macht gegeben sind, Taten zu verhindern."

„Bach selbst begann seine Laufbahn als fortschrittlicher Liberaler und war 1848 einer der Führer der revolutionären Bewegung. Doch da er seinem Wesen nach ein Mann war, der Strömungen zu nutzen wußte, schloß er sich allmählich und sehr wendig den Kräften der Ordnung und bald darauf denen der Reaktion an. Während ihm noch der Beiname ‚Barrikadenminister‘ anhaftete, machte er zuletzt seinen Weg in das Kabinett, das unter Vorantritt Schwarzenbergs an jenem denkwürdigen Dezembertag in Olmütz dem Jünglingskaiser den Treueid leistete. Eingedenk seiner Vergangenheit war Bach darauf bedacht, daß die starke Hand, mit der er das Land regierte, einen fleckenlos weißen Handschuh trug."

In manchen Charakterzügen den geradezu genialen Opportunisten Talleyrand und Fouché verwandt, war Alexander Bach als Exponent des österreichischen Neoabsolutismus nach den Worten des Historikers Heinrich Friedjung „ein Kopf, dem der Staat mehr Interesse einflößte als das Volk und das Reich der Ideen. Sein Ehrgeiz ergriff jedes Mittel, das ihm gestattete, seine starke politische Begabung zur Geltung zu bringen. Zu diesem Zwecke diente er mit vollendeter Schmiegsamkeit dem einen politischen System wie dem anderen."

Das Prinzip der Zentralisierung bewirkte indes nicht nur für das aufstrebende Wirtschaftsleben, mit dem sehr aktiven Handelsminister Baron Bruck als Schlüsselfigur, eine Verdichtung und Zusammenfassung der Kräfte. Wien als Impulszentrum war auch der gegebene Boden für die von Rumbold ausschnitthaft geschilderte gesellschaftliche Entfaltung. Erneut wurde es bei den Adelsfamilien üblich, zumindest die Wintersaison in der Residenzstadt und somit in nächster Nähe des Hofes zu verbringen. – Eine Gepflogenheit, die zudem dem inneren Zusammenhalt des gesamten Standes sehr förderlich war, da sie überhaupt erst den regen und regelmäßigen Verkehr der großen Familien ermöglichte, im Rhythmus von „Gezeiten" Menschen vereinigte, die ansonsten auf weit voneinander entfernten Gütern draußen in den Ländern lebten.

Ferdinand Maximilian oder: Fehler durchkreuzen gute Absichten

Neben dem nüchternen, soldatischen Kaiser Franz Joseph erscheint dessen jüngerer Bruder Erzherzog Maximilian als eine der archetypischen fürstlichen Romantikernaturen der Epoche. Hatte das mütterliche Wittelsbacherblut seinem Wesen das unruhig Schweifende beigemischt, die Neigung zu hochfliegenden Plänen, der er in wahrhaft adeliger, nämlich edler Gesinnung und, wie der Monarch selbst, in erstaunlicher Frühreife, das Talent zu klugem, zielbewußten Handeln verband? Eine Begabung, die allerdings später zusehends schwand, Illusionen und Träumen wich, an denen dieser Habsburger in seinem vom ersten Moment an völlig ungesicherten „Imperio Mexicano" tragisch scheitern sollte.

Mit zweiundzwanzig Jahren war der kaiserliche Prinz bereits Admiral, er bekleidete den hohen Rang nicht bloß honoris causa, sondern erfüllte die in ihn gesetzten Erwartungen, indem er die k. k. Kriegsflotte von Grund auf reformierte und zu einem Instrument maritimer Geltung machte. 1857, fünfundzwanzigjährig, wurde er zum Generalgouverneur von Lombardo-Venetien ernannt. Mit der Kompetenz des geschulten Beobachters und Zeitgenossen beleuchtet Rumbold einen ungewöhnlichen Aspekt der heiklen Frage eines nationalen Widerstands im schwarz-gelben Oberitalien.

„So seltsam es erscheinen mag, ein Lichtblick für das habsburgische Kaisertum jener Phase bot sich – in den italienischen Provinzen, wo Erzherzog Maximilian große Sympathien aller Schichten errang und dank seiner klugen liberalen Maßnahmen auf dem besten Weg war, die Masse der Bevölkerung mit der österreichischen Herrschaft auszusöhnen. Die nationalen Bestrebungen verloren im Lombardo-Venetischen Königreich offenbar so sehr an Schwungkraft, daß, wie mir erinnerlich, Elliot (ein britischer Diplomat) uns nach seiner Rückkehr aus Florenz, wo er den Winter verbracht hatte, mitteilte, die Führer der Liberalen geradezu verzweifelt waren und zugaben, die Verständigungspolitik, welche der Erzherzog verfolgte, werde in der Lombardei bald jeden Wunsch nach einer Befreiung von den Österreichern austilgen. Damals war es, daß der Kaiser in einer verhängnisvollen

Stunde, aufs höchste beunruhigt durch bewußt irreführende Berichte über die schlimmen Auswirkungen der Politik seines Bruders, Gyulay als Adlatus nach Mailand entsandte. Mit der Weisung, die Aktionen des Erzherzogs einzudämmen. Angewidert legte Maximilian die Würde des Vizekönigs zurück, der alte Schlendrian schlechter Verwaltung kam wieder auf und bereitete den Weg nach Magenta und Solferino."

Hier irrte Rumbold: Erzherzog Ferdinand Maximilian war, wie schon erwähnt, als Generalgouverneur mit den Regierungsfunktionen betraut. Die Stellung eines Vizekönigs von Lombardo-Venetien, die Erzherzog Rainer innegehabt hatte, war nach 1848 ausgesetzt worden. Feldzeugmeister Graf Gyulay, der Mann eines berüchtigt scharfen Kurses, wurde dem jungen Habsburger als militärischer Befehlshaber beigegeben.

Die Allmacht des Vortänzers

Im Fasching 1857 hatte Rumbold einen sehr dicht besetzten privaten Terminkalender, und da tritt in der Szenerie seiner Erinnerungen eine mit ironischer Bewunderung gezeichnete, einst im Wiener Gesellschaftsleben sehr wichtige Persönlichkeit in Erscheinung. Ebenso autokratisch wie der Baron Bach, aber dennoch weitaus beliebter. Der Attaché berichtet:

„Bei uns in England ist es Mode, während der heißesten Jahreszeit Abend für Abend unter dem Vorwand eines Balles die Herrenhäuser scharenweise heimzusuchen. Doch verdienen solche Zusammenkünfte wirklich, Bälle genannt zu werden? Es gibt kaum Platz, die Musik ist schwunglos und nur wenige der Gäste können überhaupt tanzen."

„In Wien ist das ganz anders. Wenn sich die Leute dort auf einem Ball versammeln, dann wollen sie eben tanzen und wissen alles diesem Zweck dienlich zu machen. Als wichtigste Vorbedignungen für solches vielleicht recht ausgelassenes, aber gewiß harmloses Amusement könnte man nennen: Raum, Ordnung und entsprechende Schulung. Um ersteres zu sichern, ist der Ballsaal das nur den Tänzern vorbehaltene Heiligtum. Begleitpersonen, Anstandsdamen und Flanierer haben kaum je Zugang. Sie dürfen in den übrigen Räumen Skandalgeschichten austauschen, Karten spielen oder ihre

Kavaliere im Wiener Fasching 1857, den Rumbold sehr genoß

Schützlinge aus der Ferne im Auge behalten, doch es ist ihnen auf jeden Fall verwehrt, sich in den Bereich der Auserkorenen zu drängen."

„Was nun die Ordnung betrifft, die ist dadurch gewährleistet, daß man die absolute Macht einem eminenten Meister dieses Faches überantwortet, nämlich dem Vortänzer. In der Kaiserstadt Wien wird der oberster Vortänzer vom Hof ernannt. Natürlich gibt es auch andere Vertreter dieses Metiers, aber ich möchte hier nur vom höchsten Inhaber eines solchen Amtes sprechen."

„Wird in einer Gesandtschaft ein Ball vorbereitet, dann lädt die Gattin des Geschäftsträgers zunächst den Vortänzer schriftlich zu einer Unterredung ein. Der große Mann kommt auf Visite, versichert Ihre Exzellenz seiner ergebensten Dienste und legt bereits ein Programm vor. Am Abend des Balles erscheint er eine halbe Stunde früher als die Gäste. Von dem Moment an, da er das Haus betritt, übernimmt er dort die uneingeschränkte Befehlsgewalt. Das Orchester gehorcht einzig und allein seinem Wink – ja selbst der Olympier Johann Strauß richtet sich nach seinen Weisungen –, und wehe der leichtfertigen Gastgeberin, die sich unterfinge, Anordnungen des Vortänzers in Zweifel zu ziehen! Er würde drohen, sich augenblicklich zu entfernen."

„Stets ist er darauf bedacht, die Zahl der gleichzeitig tanzenden Paare zu beschränken und Ungeschickte, die aufs Parkett tappen wollen, wo sie das harmonische Gesamtbild nur stören würden, davon abzuhalten, wenn nötig mit sanfter Gewalt. Bei all diesen Abläufen ist die Autorität des Vortänzers unbestritten, und die verwegensten Dragoner- und Ulanenoffiziere, Männer, die ein Dutzend Ehrenhändel hinter sich haben, folgen ihm lammfromm."

„Aber seine Hauptaufgabe ist die Leitung des Cotillons, und dazu bedarf es in Wien erlesener Künstlerschaft. Der Vortänzer hat Energie ebenso wie Takt zu zeigen, verbunden mit großem Erfindungsreichtum – denn neue Figuren müssen für das denkbar anspruchsvollste Publikum ersonnen werden, das selbst viel vom Tanzen versteht. Kurzum: der Vortänzer muß den Geist des Taktikers und die Fähigkeiten eines erprobten Truppenführers besitzen!"

„Ich hatte das Glück, Augenzeuge der letzten ‚Regierungsjahre' des großen Berlichingen zu werden – der arme Mann starb später an einem Fieber, das ihn im Nordfeldzug von 1866 befallen hatte – und es war fast eine Reise nach Wien wert, um zu sehen wie er seines Amtes waltete. Obwohl er damals bereits hoch in den Vierzigern stand, war er der stattlichste Offizier, den man sich denken kann, und trug die sehr kleidsame Uniform eines Ulanenmajors mit unnachahmlicher Eleganz. Er war einer der besten Reiter Österreichs und mit seiner hochgewachsenen Figur, den straffen Gliedern, dem braungebrannten Gesicht und dem falben Schnurrbart in aller Vollkommenheit der Typus eines kühnen Ritters, wie sein berühmter Ahnherr mit der eisernen Hand, oder sogar wie der erhabene Sir Lancelot selbst – abgesehen davon, daß man sich Sir Lancelot schwerlich als Anführer eines Cotillons vorzustellen vermag. Was Berlichingens tänzerische Fähigkeiten betraf, so waren sie schlechthin Dichtkunst der Bewegung. Kein Wunder, daß ihn die zauberhaften jungen Wiener Mädchen anbeteten! Er hatte sie zu solch perfekter Exaktheit erzogen, daß sie ebensogut wie jedes Regiment der k. k. Armee hin- und hermarschierten, eine Kolonne formierten, sich zu einer Linie reihten oder ein Karree bildeten, und ihre Amazonenmanöver waren der denkbar hübscheste Anblick."

Die „Coterien" grenzten sich ab

„All diese Mitzis, Resis und Tonis – ihr Andenken sei gesegnet! – waren die reizendsten Partnerinnen, und puncto Anmut, Wohlerzogenheit, einfacher unbefangener Art, Fröhlichkeit und harmloser Munterkeit hätten sie es leicht mit den meisten unserer jungen Londoner Ladies aufnehmen zu können."

„Fürstin Metternich hatte mir ein Empfehlungsschreiben an eine Freundin und Verwandte gegeben. Zunächst dachte ich: wohl eine Matrone in einflußreicher Position. Indes, es wies sich, daß Comtesse Julie Festetics eine charmante, noch unverheiratete Dame war. Doch wie Fürstin Pauline vorhergesagt hatte, war es für mich von großem Wert, bei ihr eingeführt zu werden. Dank ihrer Gönnerschaft fand ich sogleich Zugang zu der exklusivsten Coterie der Comtessen, und die Partnerinnen, mit denen ich ‚fixe Tänze' hatte, waren, wie ich füglich sagen darf, eine Zierde für unsere Gesandtschaft. In Wien war es nämlich Usus, bestimmte Tänze – diesen oder jenen Walzer, die eine oder andere Quadrille – einzelnen Kavalieren für die gesamte Ballsaison vorzumerken. Eine dieser Damen war die damalige Comtesse Mariette Hoyos, die wie eine Fee tanzte und dabei wie ein Vogel leise vor sich hinsang – wie könnte ich je meine ‚zweite Polka' mit ihr vergessen! Ebenso bezaubernd – in der Erscheinung wie die zierlichste Meißener Porzellanfigur – war die kleine Prinzessin Ludwiga Lobkowitz, die Strahlendste der Strahlenden und eine sehr treue Freundin, wie ich mittlerweile weiß."

So gewann Rumbold, modern gesagt als akzeptierter „Insider", persönliche Eindrücke von der Welt der österreichischen Hocharistokratie und ihren strikt abgegrenzten Zirkeln, eben den Coterien, über die der deutsche Kulturhistoriker Alexander v. Gleichen-Rußwurm auf Wien bezogen schrieb: „Jene, die dazugehörten, wiesen mit unerbittlicher Strenge alle von der Schwelle, die sich eindrängen wollten. Nicht Geist und Talent waren Trumpf, auch nicht Geld, sondern streng durchgeführtes Dazugehören durch Geburt, Anschauung und Lebensart. Weil man unter sich Zwanglosigkeit und Gemütlichkeit bis zum Äußersten steigerte, liebte man, ungestört zu bleiben und empfand es peinlich, wenn ein fremdes Element erschien."

Gründe, Mademoiselle de Rothschild zu meiden

Voll Befremden freilich beobachtete der junge Engländer das fast bis zur Brüskierung kühle Verhalten der Adeligen gegenüber den Spitzen und Stützen der nobilitierten jüdischen Hochfinanz.

„Bei aller Bewunderung für meine Wiener Freundinnen muß ich wahrheitsgemäß hinzufügen, daß der übersteigerte Stolz auf die Geburt sie arg in die Irre trieb. Ich vermute, die ‚Chinesische Mauer', welche damals die Wiener ‚crème de la crème' umgab, wurde mittlerweile vielfach durchbrochen, aber zu meiner Zeit war sie intakt und hielt unübersteigbar jeden fern, den diese exklusiven Menschen als nicht zu ihnen gehörend ablehnten. Man vermag sich kaum eine schlimmere gesellschaftliche Feuer- und Wasserprobe vorzustellen, als jene, die z. B. Mademoiselle Louise de Rothschild durchzustehen hatte, wenn sie, was selten geschah, bewogen werden konnte, Bälle und Soireen zu besuchen. Da war sie nun, ein sehr reizvolles Mädchen, bestens erzogen wie alle Damen aus ihrer Familie, klug, von feiner Lebensart und vom Schicksal mit den schönsten Hoffnungen begünstigt – doch manche der jungen Prinzessinnen oder Comtessen würdigten sie kaum eines Wortes oder eines Kopfnickens, und selten fand sie einen Tanzpartner, es sei denn einen von uns Ausländern."

Diese betonte Distanz hatte allerdings ihre triftigen Gründe, die Rumbold offenbar nicht durchschaute und über die ihn Eingeweihte nicht aufklärten. Das Motiv war keineswegs Verachtung oder eine Demonstration antisemitischer Gesinnung, sondern lediglich das Bestreben, das eigene Ansehen zu wahren. Junge Kavaliere scheuten sich, eine der Damen Rothschild zum Tanz aufzufordern, um nicht in den Verdacht zu geraten, sie wollten Kontakte anbahnen, die schlichtweg auf Mitgiftjägerei hinausliefen. Die älteren Semester hingegen, bei denen etwaige Heiratsabsichten wegfielen, und auch die Damen des Hochadels mieden geflissentlich die Nähe der Finanzmagnatenfamilie, weil sie bei den wachsamen notorischen Lästermäulern der Gesellschaft nicht den Eindruck zu erwecken wünschten, als sei ihnen daran gelegen, im zwanglosen Ballgespräch en passant die Bitte um ein Darlehen einzuleiten, eine vage Vermutung, aus der boshafte Gemüter hurtig ihre Rückschlüsse auf die Solvenz der Betreffenden gezogen hätten . . .

„Ich musizierte häufig mit Mademoiselle de Rothschild und erinnere mich gern daran, wie freundlich man mir im alten Haus von Baron Anselm in der Renngasse begegnete. Andererseits muß man zugeben, daß die Welt der ‚haute finance‘ und der ‚bourgeoisie‘ solche Behandlung bis zu einem gewissen Grad verdiente, und zwar wegen des Mangels an Würde, den sie bei manchen Gelegenheiten zeigte. Ich kann kaum ohne peinliche Gefühle an ein angeregt verlaufendes Fest zurückdenken, das eine der hübschesten jüdischen Damen veranstaltete – eine Madame K. (vermutlich Königswarter), die Gattin eines reichen Bankiers. Die Gastgeberin, durch ihren Liebreiz weitaus anziehender als durch die Diamanten, die sie trug, ließ es sich nicht nehmen, uns mit ihren eigenen zarten Händen aufzuwarten wie irgendeine Kellnerin.“

„Dennoch bezweifle ich, daß trotz des Stolzes auf hohe Geburt in Österreich der gleiche Gegensatz zwischen den Klassen herrscht wie in Preußen. Die österreichischen und die ungarischen Adeligen offenbaren in der Regel eine vollendete Erziehung, ihnen eignet im Umgang eine ungezwungene ‚bonhomie‘, die sie in allen Gesellschaftsschichten beliebt macht.“

In der gleichen Tonart äußerte sich 1863 der Amerikaner John Lothrop Motley. „Nichts kann bezaubernder sein als die Manieren der österreichischen Aristokratie. Charakteristisch ist das Fehlen jener Insolenz auf der einen Seite und Untertänigkeit auf der anderen, die man fast in allen anderen Kreisen findet. Dieser Vorzug entspringt der Tatsache, daß der einzige Paß zur ersten Gesellschaft ein Stammbaum sein muß." Allerdings: „Ohne diesen Nachweis kann man ebensowenig auf den Mond gelangen wie in diese Sphäre. Selbst wenn ein Österreicher Shakespeare, Galilei, Nelson und Rafael in einer Person wäre, so könnte er nicht in die gute Gesellschaft Wiens zugelassen werden, da nur Geburtsadel Zutritt verschafft."

Soziale Frage ausgeklammert

In der diplomatischen Memoirenliteratur ganz allgemein, so auch in den Erinnerungen Rumbolds, finden sich interne soziale Belange des Gastlandes so gut wie gar nicht behandelt. Dies ist daraus zu erklären, daß sich das Mitglied einer fremden Mission a priori, von gelegentlichen Ausflügen ins Volksleben abgesehen, wie sie Horace als junger Attaché unternahm und im Stil freundlicher Genrebilder festhielt, in bestimmten Gesellschaftskreisen bewegte. Es war nicht Sache oder gar Pflicht eines Diplomaten, Studien über die Situation der Bevölkerung zu betreiben, was deren Existenzgrundlagen und soziale Möglichkeiten betraf. Wenn er es dennoch tat, dann dort, wo die krassen Gegensätze auf Schritt und Tritt unübersehbar waren, nämlich im Orient, in Lateinamerika oder im alten Rußland, wie aus den Briefen des hessisch-darmstädtischen Envoyé Extraordinaire in St. Petersburg, Prinz August zu Sayn-Wittgenstein-Berleburg, hervorgeht.

Schon damals fehlte es nicht an Kritik der „Unterlassung", Kontakte zu Persönlichkeiten des Geisteslebens und der Wirtschaft, kurzum zu den eigentlich prägenden Kräften, zu pflegen. Eine auch hier gültige Stellungnahme steht in der Autobiographie eines jüngeren österreichischen Zeitgenossen und Berufskollegen Rumbolds, des Freiherrn Alexander v. Musulin. Nach langjährigen Erfahrungen im Auswärtigen Dienst sagte er zu diesem Thema: „(Der Vorwurf) beruht zum großen Teil auf einer nicht genauen Kenntnis und Einschätzung der wirklichen Verhältnisse. Es ist für einen Diplomaten im Auslande relativ leicht, in der ‚Gesellschaft' Fuß zu fassen, besonders leicht, wenn dieselbe um einen Hof gruppiert ist, aber viel schwerer, in der ‚bürgerlichen Welt' Einlaß zu finden. Der Unterschied ist leicht zu erklären. Die ‚Gesellschaft' ist organisiert, die bürgerliche Welt ist es nicht; während man in der einen, sobald man einmal aufgenommen ist, gewissermaßen von Hand zu Hand geht, fängt die Eroberung des Terrains in der zweiten bei jeder neuen Bekanntschaft, die man macht, von vorne wieder an. Der Diplomat ist im Auslande, wenn er sich nicht in ganz normalen ausgefahrenen Geleisen bewegt, von einer Art Mißtrauen umgeben. Erscheint er irgendwo, wo man seinesgleichen zu sehen nicht gewohnt ist, so fragt man sich unwillkürlich, was der Mann wolle und was er mit seiner Beflissenheit bezwecke."

„Fêtes" nirgends so schön wie in Wien

„Noch einige Worte über die großen Häuser Wiens, und ich bin mit diesem leichtfertigen Teil meiner Erinnerungen zurande. Außer in St. Petersburg sah ich nie schönere ‚fêtes' als im Palais Liechtenstein oder im Palais Schwarzenberg, bei den Auerspergs oder den Pallavicinis. Die Scharen von ‚Laufern', Leibhusaren und Leibjägern und anderen Bediensteten in prächtigen Livreen als Spalier auf den Treppen. Die edlen Proportionen und die herrliche Ausstattung der Räume, in denen jedes Möbelstück, jedes Kunstwerk das Gepräge alten Stammes und ererbten Reichtums trug. Die strahlende Beleuchtung, die verschwenderisch bestellten Soupers, bei denen die Gäste an kleinen Tischen saßen – alles stand im Einklang mit dem historischen Namen und der gesellschaftlichen Position des Gastgebers. Vielleicht sind die russischen Empfänge in den Einzelheiten ausgefeilter und verbinden mit dem gleichen Gepränge die erlesensten modernen Finessen, aber es fehlt ihnen an jener Großartigkeit der Alten Welt, die in Wien bereits existierte, als Petersburg noch ein öder Sumpf war und Moskau eine halbasiatische Hauptstadt."

Der weitgereiste Brite, der genug Vergleichsmöglichkeiten hatte, gab überhaupt in vielem Wien den Vorzug vor anderen Städten, die er kennenlernte. Auch im Persönlichen: die junge Kaiserin Elisabeth, die er offenbar nach der Rückkehr des Herrscherpaares aus Italien zum erstenmal und zwar par distance sah, gefiel ihm besser als das andere weibliche Schönheitsideal der Epoche, die bereits fraulichere, hoheitsvolle Eugenie von Frankreich. Dabei muß man bedenken: es war keineswegs diplomatische Courtoisie, die Rumbold solch günstige Urteile diktierte, denn er schrieb seine Memoiren ja für eine englische, insular ausgerichtete Leserschaft!

Merkwürdiges aus der höfischen Etikette

Mit der Architektur der damals noch lange nicht ausgebauten Hofburg konnte er sich allerdings nicht recht befreunden.

„Was das äußere Bild der kaiserlichen Residenz betrifft, schien sie mir kaum ihren erhabenen Traditionen zu entsprechen. Die Hofburg ist ein weitläufiges, verschachteltes Gefüge alter Bauten ohne viel Einheit in der Gestaltung, indes, eine gewisse zopfige Note verleiht dem Ganzen seinen Charakter."

Hier zeigt sich das mangelnde Verhältnis eines Herrn des 19. Jahrhunderts zum Barock, eine Betrachtungsweise, die mit der romantisch getönten Vorliebe für die Gotik einherging. An anderer Stelle erwähnte Rumbold kurz das Schloß Schönbrunn, daß er „häßlich" fand, mehr hatte er nach all den Jahren seiner Wiener Aufenthalte darüber nicht zu sagen. Bei der Hofburg störte ihn der „Eindruck von Vergänglichkeit ohne besondere bauliche Würde", und er zitierte den überlieferten Ausruf eines alten napoleonischen Grenadiers während der französischen Besetzung Wiens Anno 1809: „La voilà doc cette vielle maison d'Autriche!"

Als aufmerksamer Beobachter registrierte er sonderbare, inzwischen der Vergessenheit anheimgefallene feine, ja „kakanisch" kuriose Differenzierungen der Rangordnung.

„Die Etikette am Kaiserhof war in mancher Hinsicht eigentümlich. Legationssekretäre z. B. waren nicht zugelassen, da sie nicht als hoffähig galten, während einfache Attachés zu den großen offiziellen Bällen eingeladen wurden. Die Erklärung für diese seltsame Anomalie lag darin, daß im österreichischen diplomatischen Dienst nach seiner damaligen Organisation Sekretäre als bloße Beamte betrachtet wurden, in der Regel dem gehobenen Mittelstand entstammten und selten in höhere Ränge aufstiegen. Andererseits waren die Attachés zumeist junge Herren aus dem Hochadel, sie wurden

Gesandte und Botschafter, ohne die Zwischenstufen durchlaufen zu müssen. Als ich nach Wien kam, war diese merkwürdige Regelung, die auch auf ausländische Diplomaten angewandt wurde, noch in Kraft, verlor aber während meines Aufenthaltes ihre Gültigkeit. Als Exempel kann ich den Fall eines belgischen Legationssekretärs anführen, dessen Gattin – eine österreichische Dame aus einem der vornehmsten Geschlechter mit eindrucksvollem Wappenschild – vom Moment ihrer Verehelichung an nicht mehr bei Hof empfangen wurde. Man wird es kaum glauben, daß der werte Belgier, der ein Faible für die Schauspielerei hatte, sich trotzdem bereit erklärte, in einer Liebhaberaufführung bei Erzherzogin Sophie mitzuwirken. Als besondere Gunst durfte seine Gattin die Generalprobe besuchen, aber von der Aufführung selbst war sie strikt ausgeschlossen."

Einblicke ins politische Kräftespiel

Nun, die jungen Diplomaten hielten sich auf den für jedermann zugänglichen Bällen schadlos, im Sophien- und im Dianabad, bei den Faschingsveranstaltungen der Juristen, der Mediziner und der Techniker. Unter all diesen Zerstreuungen durfte der Dienst natürlich nicht leiden, zumal sehr ernste Fragen zu behandeln waren.

„Ich kann bezeugen, daß während der letzten zwei Wochen der beiden Faschingssaisonen, die ich in Wien erlebte, keiner von uns lange vor sieben oder acht Uhr morgens ins Bett kam. Das war eine strapaziöse Zeit, denn spätestens um zwölf Uhr mußten wir in der Kanzlei emsig drauflos werken, bis zum Dinner, häufig kehrten wir nach acht Uhr abends zurück, und wenn ein Kurier abzufertigen war, wurden wir manchmal mit dem Schreiben und Chiffrieren bis drei oder vier Uhr morgens festgehalten. Zu meinem Pech hatte ich mir die Fähigkeit angeeignet, rasch aus dem Deutschen zu übersetzen, das brachte mir zusätzliche Arbeit, oft gab mir mein Chef lange Leitartikel aus den Zeitungen zum Übersetzen ins Englische."

„Dennoch, bei aller Mühe, war es im großen und ganzen recht lehrreich. Die ewige Osteuropa-Frage mit ihren Weiterungen. Die Donaufürstentümer, die sich damals gerade bildeten. Das heikle Problem Schleswig-Holstein. Deutsche Affären, polnische Affären, italienische Affären, jede davon bot interessante Themen. Am merkwürdigsten waren, wie ich mich erinnere, Sir Hamiltons Berichte über seine Gespräche mit dem alten Gesandten Neapels, Fürst Petrulla, dessen vertrauliche Mitteilungen gelinde gesagt ungewöhnlich waren, und der den Sturz seines Monarchen bereits mehrere Jahre, ehe das Ereignis eintrat, voraussagte. Die außenpolitischen Beziehungen Österreichs waren voller latenter Gefahren, wenngleich an der Oberfläche ruhig. Rußland wartete grollend auf den Tag der Abrechnung für die exemplarische Undankbarkeit Schwarzenbergs. Preußen konnte die ‚Schmach von Olmütz' nicht vergessen." (1850 hatte Außenminister Felix Fürst Schwarzenberg Preußen zum Verzicht auf den Plan eines deutschen „Sonderbundes" ohne Beteiligung Österreichs gezwungen. Ein Rückschlag für die „Kleindeutschen", der in Berlin böses Blut machte.)

„Napoleon III. brachte seine Pläne mit Italien zur Reife. Die Feindseligkeit der Tuilerien wurde durch die persönlich

Kaiser Napoleon III., der Meister einer problematischen Geheimdiplomatie

freundliche Haltung des Geschäftsträgers Baron de Bourqueney maskiert. Aber es war ein kennzeichnendes Laster des Zweiten Kaiserreiches im allgemeinen, daß es zwei Formen der Diplomatie in seinem Dienst hatte – eine offene und eine geheime – und während Bourqueney die equisitesten Diners für die österreichische Regierung gab und diese, völlig in gutem Glauben, der Sympathien seines Herrn versicherte, bereitete der ränkevolle Souverän den großen Bruch von 1859 vor und versuchte, Rußland durch das Angebot des österreichischen Teils Polens zur Allianz zu bewegen. Wie einer von Fürst Gortschakoffs Vertrauten Jahre später mir gegenüber in St. Petersburg wörtlich äußerte: ‚Er (Napoleon III.) wollte einem dauernd eine Tausend-Francs-Note aufnötigen, damit man die eine oder andere Infamie begehe.'“

Der arrogante Außenminister

Trockene Ironie, einer der markantesten Wesenszüge des victorianischen Gentleman Horace Rumbold, kommt bei einer Beobachtung aus der hohen Politik zur Geltung. Der junge Attaché zeichnet mit wenigen Strichen eine Charakterskizze des österreichischen Außenministers Carl Ferdinand Graf Buol-Schauenstein. Dieser war damals gerade sechzig, verwaltete nach längerer Tätigkeit als Gesandter in London und St. Petersburg sein Ressort seit 1852 und hatte während des Krimkrieges, gemeinsam mit dem österreichischen Geschäftsträger in Paris, Alexander v. Hübner, einen prowestlichen Kurs verfochten. Metternich nannte ihn sarkastisch „ein Messer mit scharfer Spitze, aber ohne Schneide“. Die Bemühungen um Österreichs Beitritt zur Allianz gegen Rußland, wenngleich sie erfolglos geblieben waren, sicherten dem Minister bei den britischen Diplomaten in Wien ein positives Urteil und den Ruf kluger, guter Politik. Doch als Person entging er nicht amüsierter Kritik seiner Schwächen, denn:

„Graf Buol-Schauenstein war eine einzigartige Mischung von Gewandtheit und Verbindlichkeit im öffentlichen Auftreten und unerträglicher Arroganz im Privatleben. Sein Handschlag gebührte nur Botschaftern und Gesandten der Großmächte wie Sir Hamilton. Drei Finger reichte er den

Geschäftsträgern kleinerer Königshöfe, manchmal streckte er, als Zeichen seiner Gnade, einem Chargé d'affaires den Zeigefinger hin, und die unteren Ränge des diplomatischen Dienstes ignorierte er einfach. Wir pflegten Wetten abzuschließen, daß wir ihn zwingen würden, bei seinen Sonntagsempfängen unseren Gruß *doch* zu erwidern. Zuweilen gelang es uns, aber nur, wenn wir uns direkt vor ihm aufpflanzten, mehrmals besonders devot verbeugten und so laut und deutlich ‚Bonsoir, Monsieur le Comte!' sagten, daß er es nicht überhören konnte."

Der österreichische Außenminister Carl Ferdinand Graf Buol-Schauenstein

„Allein, wir verziehen ihm vieles, wegen der schönen Feste, die er in seiner offiziellen Residenz am Ballhausplatz gab und wegen seiner noch reizvolleren Tochter. Es war ein schlimmer Tag für Österreich, als er sein Amt zurücklegte und Graf Rechberg an seine Stelle trat."

Buol demissionierte am 17. Mai 1859, weil man es unterlassen hatte, ihn rechtzeitig über das kaiserliche Ultimatum an Sardinien in Kenntnis zu setzen. Zu jenem Zeitpunkt, kurz vor Ausbruch des Krieges in Oberitalien, hielt sich Rumbold allerdings nicht mehr in Wien auf.

3. Zwischen der Löwelbastei und der Adria (1857–1858)

Im Mai 1857 nahm Rumbold wegen einer hartnäckigen Bronchitis, an der er häufig litt – er schrieb das neuerlich akute Stadium „dem trügerischen Wiener Frühling“ zu – einen längeren Urlaub, den er in Dresden, England und Frankreich verbrachte. Ende September kehrte er nach Wien zurück. Wir erinnern uns daran, wie gut ihm schon in den ersten Tagen seines Turnus die Promenaden auf den Basteien gefallen hatten. Mittlerweile war er selbst in dieser Zone heimisch geworden. Seine Wohnung befand sich im Haus Löwelstraße 6, an der Ecke der Kreuzgasse (heute Metastasiogasse), der Staatskanzlei auf dem Ballhausplatz direkt benachbart. Der Bau mit seiner schlichten klassizistischen Fassade aus dem Jahr 1829 blieb erhalten und ist in der Wiener Topographie als eines der beiden Palais Montenuovo bekannt.

Im privaten Freundeskreis

„Von meinem Salon im dritten Stock hatte ich den weiten Ausblick über die Löwelbastei zum Glacis. Bei schönem Wetter hörte ich durch die geöffneten Fenster die Musik aus dem Volksgarten und konnte am frühen Morgen den weißröckigen Bataillonen beim Exzerzieren zusehen. Es war ein sehr hübsches Domizil, aber horrend teuer, und da es mir überdies zu groß war, vermietete ich einen Teil davon, zuerst an Morier und dann an Gould (Kollegen aus der Gesandtschaft).“

„Dort lebte ich glücklich fast zwei Jahre. Meine Zimmer, die ich mir recht wohnlich eingerichtet hatte, waren an freien Abenden, nach dem Theater, oft Treffpunkt eines kleinen Kreises mehrerer jüngerer Diplomaten und einiger junger Österreicher, mit denen wir von der Gesandtschaft – die bei der Wiener Gesellschaft stets sehr beliebt war – regen Ver-

Das Palais Montenuovo in der Löwelstraße.
1857/58 hatte Rumbold sein Logis im obersten Stockwerk

kehr pflogen. Franz Graf Deym, damals ein ziemlich junger Mensch, und sein älterer Bruder Ferdinand. Adolf Prinz Schwarzenberg, der kurz darauf eine der Prinzessinnen Liechtenstein heiratete. Baron Otto Walterskirchen vom Ministerium des Äußeren. Hermann Prinz Hohenlohe-Langenburg und Franz Graf Hohenstein, beide waren Offiziere der Gardegendarmerie, wie diese Truppe damals genannt wurde – das sind jene, an die ich mich von solchen Zusammenkünften am besten erinnere, bei denen mit Musik, Moriers Streichen und etwas gewagten Geschichten die Stunden fröhlich, aber allzu schnell verflogen."

Die Gardegendarmerie war die spätere Leibgarde-Reitereskadron, die kavalleristische Komponente des „militärischen Hofstaates" bis 1918. Franz Graf Hohenstein wurde bei der Eheschließung mit der britischen Prinzessin Mary vom König von Württemberg in den Stand eines Herzogs von Teck erhoben (nach einem Schloß im württembergischen Donaukreis). Seine Tochter war die nachmalige, im britischen Empire sehr populäre und als Grand Old Lady weltberühmte Queen Mary, die Großmutter der jetzigen Königin Elisabeth II. So fungierte Rumbold, ohne daß jemand die genealogische Entwicklung ahnen konnte, in Wien als Gastgeber des künftigen Vaters seiner letzten Königin, deren Inthronisation an der Seite König Georgs V. er noch erleben sollte!

„Im ersten Stock des Hauses in der Löwelstraße wohnte Edmund Graf Zichy, eine der bekanntesten Persönlichkeiten Wiens. Wir standen in sehr herzlicher nachbarlicher Beziehung, und eines Abends gab er ein zauberhaftes ‚souper costumé', dem ein Lebendes Bild voranging, zu Ehren der kleinen Mademoiselle Goßmann vom Burgtheater, die ein Bühnenstern jener Zeit war und seither einen Sohn des Barons Prokesch ehelichte, des alten Diplomaten, der während meiner Frankfurter Ära Österreich beim Bundestag vertrat."

Theaterbegeisterung

„Damals lebte ich oft in der Theaterwelt, die in Wien ungemein vielfältig und interessant ist. Ich kann mich nicht erinnern, irgendwo – nicht einmal im ‚Théatre Français' oder im

‚Théatre Gymnase' – ein vollkommeneres Ensemble gesehen zu haben als in der ‚Burg'. Ihre Shakespeare-Aufführungen nach Schlegels beispielhafter Übersetzung übertrafen bei weitem alle von Charles Keans verdienstvollen Neubelebungen. Wer nicht Anschütz als König Lear oder Fichtner als Hamlet sah, kann meiner Meinung nach diese Rollen nie in ihrer ganzen Schönheit und ihrem Tiefsinn erfassen. Die Sorgfalt und innere Geschlossenheit auch, mit der die großen Shakespeare-Dramen gegeben wurden, verdient höchstes Lob. Ebenso gut war Schillers ‚Wallenstein', wobei besonders der im Lager handelnde Prolog mit außerordentlicher Lebendigkeit und historischer Genauigkeit auf die Bühne gebracht wurde. Grillparzers schönes Drama ‚König Ottokars Glück und Ende' wurde nicht weniger ausgezeichnet gespielt. Ich glaube nicht, daß selbst die berühmten ‚Meininger' seither die ausgefeilte ‚mise en scène' des Burgtheaters jener Tage in den Schatten stellten."

Mit solcher Schwärmerei befand sich Rumbold in guter Gesellschaft sehr vieler Wiener Theaterfreunde aus mehreren Generationen – natürlich mit jeweils wechselnder „Besetzung" der gepriesenen Rollen. Bemerkenswert ist auch, daß er den am Burgtheater von Heinrich Laube geprägten Wiener Shakespeare-Stil über den englischen seiner Zeit stellte. Hier ging eben Objektivität vor Patriotismus!

In dieser Stadt, wo man während der ersten Hälfte des 19. Jahrhunderts das englische Schrifttum der Zeit voll würdigte, eifrig die Dichtungen Lord Byrons, die großen historischen Romane von Sir Walter Scott und die von sozialer Problematik erfüllte frühe Prosa Charles Dickens' las, erfolgte übrigens eine besondere Hommage an Englands genialsten Dramatiker. Anno 1824 hatte die heute noch für ihre Leistungen auf dem Gebiet populärer Druckgraphik des Biedermeier unter Sammlern bekannte Offizin Trentsensky eine eigene „Wiener Shakespeare-Ausgabe" ediert – das heißt, als Verlag figurierte ein anderes Haus, nämlich J. P. Sollinger, auf den energischen Einspruch des Wiener Gremiums der Buchdrucker und Buchhändler hin, weil die Firma Trentsenky ja lediglich eine lithographische Anstalt war. Dort wurden für das Werk nur die Einband- und die Titelvignetten nach Zeichnungen Moritz v. Schwinds in den Steindruck übertragen.

Die Übersetzungsaufträge waren an einige sprachenkundige junge Literaten vergeben worden, ihre Namen sagen uns nichts mehr, bis auf einen: den des damaligen Studenten, Schwind-Freundes und Schubertianers Eduard v. Bauernfeld. „Wir gingen übrigens mit aller Gewissenhaftigkeit und Pietät an unsere Arbeit, nur daß der eine mehr in der Manier des alten Voss mit derben Sprachquadern bauen wollte, der andere es vorzog, gleich A. W. Schlegel lauter zarte linguistische Mosaiksteinchen sorgsam zusammenzufügen", schrieb er in seinen Lebenserinnerungen. „So gab es häufig philologischen Streit bis aufs Messer, wir konnten nie völlig einig werden, und zuletzt übersetzte ein jeder, wie ihm der Schnabel gewachsen war."

Bauernfeld selbst erstellte die deutschen Fassungen von „Die beiden Edelleute von Verona" (geläufiger ist der Titel „Die beiden Veroneser"), „Heinrich VIII.", „Troilus und Cressida", „Das Lustspiel der Irrungen" (in anderen Übertragungen, eleganter formuliert, „Komödie der Irrungen"), Teilen von „Antonius und Kleopatra", außerdem nahm er sich der Gedichte an. Die Texte für Schuberts drei Shakespeare-Lieder entstammen dieser Sammlung.

Herr Trentsensky behandelte, nebenei erwähnt, die von ihm angeheuerte Übersetzer-Gilde als nachdichterische Lohnschreiber, denen er, wie allen anderen Leuten seiner Belegschaft, an jedem Samstag die Wochenbezüge auszahlte.

Zu Bühnenehren brachten es die Verdeutschungen der „Wiener Shakespeare-Ausgabe" allerdings kaum. Laube verwendete für seine Inszenierungen lieber die Schlegel-Tieckschen Übertragungen, in vielem so meisterhaft, daß Shakespeare durch die Sprachkraft der seine Worte und Gedanken vermittelnden Geister gleichsam zu einem deutschen Klassiker wurde. Doch im Rahmen bürgerlich-literarischer Bildung erfüllten die Bände gewiß ihren Zweck als Lektüre, die an die Werke heranführte.

Rumbold, der Besucher der Bälle beim „Sperl" und beim „Großen Zeisig", zollte in seiner Theaterbegeisterung auch den volkstümlichen Unterhaltungen gebührendes Lob.

„Auf dem Gebiet der derben Farce ebenso vortrefflich war die Truppe, die unter Nestroy und Treumann im Carltheater allabendlich Lachstürme entfesselte. Diese im bodenständigen Dialekt geschriebenen wienerischen Possen und Burlesken, deren Heimstatt das Carltheater war, sind in ihrer Art unnachahmlich. Die Geschichten, die man über Nestroy erzählt, sind Legion. Er war ein hochgewachsener hagerer Mann mit traurigem Gesicht, und, wie man hörte, ein arger Hypochonder. Viele Wesenszüge hatte er mit Sainville gemeinsam, dem amüsantesten Schauspieler, den ich je in den alten Zeiten im Palais Royal sah und von dem bekannt war, daß er im Privatleben niemals lachte."

Madame Wildauer und „Terpsichore en retraite"

„Aber am liebsten blicke ich auf das alte Opernhaus zurück, das nun schon längst abgetragene Kärntnertortheater. Dort hörte ich Madame Csillag, Madame Titiens und Mdlle. Liebhardt, lange bevor deren Ruhm über die Grenzen Wiens hinausdrang. Und dort lernte ich Mathilde Wildauer kennen, die bezaubernde Künstlerin, deren ich immer mit Zuneigung und Verehrung gedenke. Ihre Stimme, ein hübscher Mezzosopran, ließ bereits ziemlich nach, war aber noch immer voller Wohllaut, und von ihr hörte ich jene übermütigen österreichischen Mundartlieder, die der Komponist Baumann für sie schrieb und die ‚Das Versprechen hinterm Herd' und ‚Das letzte Fensterl' zu den populärsten Singspielen machten – in einer Epoche, deren Geschmack noch nicht von Offenbach, Hervé, Lecocq und anderen Schreibern tumultarischer ‚Cancan'-Musik verdorben war." (!!)

Mathilde Wildauer, als Sängerin eine der Stützen des Ensembles im Kärntnertortheater, kam tatsächlich vom volkstümlichen Genre her. Darin errang sie große Erfolge, besonders in dem 1848 häufig gespielten erwähnten Stück „Das Versprechen hinterm Herd" des Dialektdichters und Liederkomponisten Alexander Baumann, der ihr die Rolle der „Nandl" auf den Leib geschrieben hatte. In ihrer natürlichen Art, halb Waldmüllerische Wienerwaldschönheit und halb Gnädige Frau, dürfte sie als Typus eine Vorläuferin von Katharina Schratt gewesen sein.

„Die arme Mathilde, anmutig und blond und noch immer äußerst anziehend, obgleich schon einiges über dreißig – die

Die Sängerin Mathilde Wildauer, ein Wiener Publikumsliebling, in ihrer erfolgreichsten Rolle, der Nandl in „Das Versprechen hinterm Herd“ von Alexander Baumann

ideale Verkörperung der lebhaften, warmherzigen Wienerin – hätte jederzeit den Prinzen August Liechtenstein heiraten können, blieb aber lieber so unabhängig, als es zwei ungemein sittenstrenge alte Tanten gestatteten, die sie bei sich im obersten Stockwerk eines Hauses beherbergte, das so hoch war, daß man aus den Fenstern auf das Dach der seltsamen kleinen alten Kirche Maria Stiegen sah – übrigens ein Juwel gotischer Baukunst.“

„Dort traf ich zuweilen ‚Terpsichore en retraite‘ in der Gestalt Fanny Elßlers, damals schon an die fünfzig, aber noch immer sehr einnehmend und von bezauberndem damenhaften Charme.“

„Fanny scharte einen Kreis hochbetagter Verehrer um sich, wie den alten General Wallmoden, der sich bei Wagram Ruhm erworben hatte, den General Reischach und andere Paladine, die sie alljährlich nach traditioneller Gepflogenheit an ihrem Geburtstag zum Diner einlud. Beim Dessert zog sie sich dann zurück, um gleich darauf im spanischen Kostüm wieder zu erscheinen und noch einmal – zum Ergötzen dieser getreuen ‚vieille garde' – die herrliche Cachucha zu tanzen, mit der sie ein volles Vierteljahrhundert früher sie alle und Tausende mehr in Bann geschlagen hatte. Ich selbst war bei diesen Darbietungen nie zugegen, aber für mich hat es den Anschein, daß sie etwas rührend Naives gehabt haben müssen . . ."

Radetzkys Leichenbegängnis

Dafür war Rumbold unter den Zuschauern, als am 18. Jänner 1858 der Kondukt des in Mailand verstorbenen und nach Wien überführten Feldmarschalls Graf Radetzky mit allem militärischen und Pompe-funèbre-Prunk seinen Weg zum Nordbahnhof nahm.

„Am Tag des Leichenbegängnisses trat die Wiener Garnison, verstärkt durch die in der Umgebung stationierten Truppen, insgesamt etwa 40.000 Mann, in starken Marschblöcken auf dem Burg-Glacis an, um den Trauerwagen zu empfangen, der bei einer nahen Kirche abgestellt war. (Die Aufbahrung erfolgte in der Arsenalkirche Maria vom Siege.) Als alles bereit war und der Kondukt sich formiert hatte, ritt der Kaiser in Begleitung eines einzelnen Adjutanten aus der Hofburg heran und übernahm den Befehl des gesamten Aufgebotes."

„Ich beobachtete den ‚Cortège' aus dem Fenster einer Wohnung in der Leopoldstadt. Es war ein kalter, düsterer Tag, scharfe Windstöße trieben leichte Flockenwirbel dahin. Stundenlang defilierten die Truppen: Reiterei, Fußvolk und Artillerie, Ungarn, Italiener und Kroaten. Berühmte Regimenter wie die Deutschmeister und die Husaren des alten Marschalls. Dragoner und Ulanen, Jäger und Kürassiere – alle in feldmäßiger Winteradjustierung ohne Gold und Glanz, aber in untadeliger militärischer Strammheit und voller Ausrüstung. Totenstille in der Menschenmenge, welche die Straßen säumte, kein Ton als das Rasseln der Kanonen, der Marschtritt der Bataillone, das Klappern des Hufschlags, das Klirren von Sporen und Säbelscheiden, die Wirbel der verhüllten Trommeln, und – für mich persönlich am merkwürdigsten – die Kapellen spielten eine feierliche Waise, die sonderbar vertraut schien, doch in einem fremden Rhythmus. Ein

Großer militärischer Kondukt für Feldmarschall Graf Radetzky am 18. Jänner 1858. Der imposante berittene Geharnischte hinter dem Sargwagen war typisch für eine altösterreichische „Generalsleich'".

findiger Kapellmeister hatte die einfache, aber ingeniöse Idee, den mitreißenden Radetzkymarsch von Strauß Vater in Moll und in getragenes, funebrales Taktmaß zu setzen, und während ein Regiment nach dem anderen vorbeizog, klang diese Melodie als Klagegesang durch die frostige Luft."

Die ungewöhnliche Bearbeitung stammte von Andreas Leonhardt, er bekleidete den in der Monrchie einmaligen Posten des „Armeekapellmeisters", eine Funktion, die mit seiner Bestellung eingeführt und bei seiner Quieszierung wieder abgeschafft wurde. Während der 1850er Jahre erlebte der talentierte Mann als oberster Musikchef des Heeres seine Glanzzeit, ihm eignete ein tüchtiger Schuß jener Art, die man viel später „Amerikanismus“ nannte, ein Zug zum großen Klangeffekt. Bei enorm stark besetzten Zapfenstreichen und Monster-Militärkonzerten war er in seinem Element. Leonhardts Fassung für den Kondukt trägt den Titel „Radetzky-Trauermarsch nach Motiven von Johann Strauß mit Original-Trio.“

Übrigens irrte Rumbold doppelt, wenn er im Original seiner Memoiren angab, die Leiche des Marschalls sei „in seine Familiengruft in Mähren“ überführt worden. Die Erbbegräbnisstätte des Grafengeschlechtes lag in Böhmen und nicht in Mähren, aber bekanntlich wurde Radetzky auf dem als Gedenkstätte für die Feldzüge von 1848/49 gestalteten „Heldenberg“ bei Wetzdorf in Niederösterreich bestattet.

Mit den großen Trauerfeierlichkeiten, die völlig im Zeichen des Militärischen standen, würdigte der Kaise zugleich ganz bewußt sein gesamtes Heer, den wichtigsten Faktor und festesten Stützpfeiler im Gefüge der Monarchie. Freimütig sagte Außenminister Graf Buol-Schauenstein in einem Gespräch mit Sir Hamilton Seymour: „Wie ich nun sehe, hat Österreich mit dreien von den Großmächten eine ständige Kriegsursache. Mit Frankreich in Italien, mit Rußland wegen der Fürstentümer (Moldau und Walachei) und mit Preußen im Wettstreit um die Vorherrschaft in Deutschland.“ In dem Bestreben, aus der seit dem Krimkrieg gegebenen unseligen Isolation auszubrechen, versuchte Franz Joseph im Frühjahr 1858 zumindest einen Brückenschlag nach Britannien und erhoffte sich erste Schritte zu einer Allianz. Sir Hamilton indes riet London, konkrete Annäherungstendenzen äußerst vorsichtig zu beurteilen, die möglichen Reaktionen darauf sorgfältig abzuwägen, da Österreich sich momentan in der denkbar ungünstigsten Lage befinde und deshalb kein wünschenswerter Bündnispartner wäre, vielmehr bloß schwere Belastungen einbrächte. Der Gesandte folgte in dieser seiner Haltung dem Sympathien oder Antipathien ausschließenden reinen politischen Nützlichkeitsprinzip, das der Erzbrite Lord Palmerston einmal in die bezeichnenden Worte faßte: „Die Regierung Ihrer Majestät hat weder ständige Freunde noch ständige Feinde, sondern nur ständige Interessen.“

Dieses warnende Memorandum war eines der letzten diplomatischen Schriftstücke des so schreibfreudigen, menschlich originellen alten Sir Hamilton. Im April 1858 übergab er seine Amtsgeschäfte an Lord Augustus Loftus, verließ Wien und zog sich auf dem heimatlichen Landgut ins Privatleben zurück.

Lord Loftus, ein an deutschen Höfen bewährter Diplomat, fand sehr rasch ein gutes Verhältnis zu Graf Buol-Schauenstein. Trotz „vieler hitziger Erörterungen", in denen der österreichische Außenminister zielsicher die Pfeile seines ausgeprägten Sarkasmus abschoß, schätzte ihn der britische Geschäftsträger als „treuen und werten Freund". Wiewohl sehr empfindlich und leicht zu irritieren, habe Buol, so der Lord, „unter der Oberfläche edle Eigenschaften besessen, die oftmals nicht genügend gewürdigt wurden": Festigkeit bei der Wahrung seiner Standpunkte, hohes Ehrgefühl, Gerechtigkeitssinn, Integrität und spontane Hilfsbereitschaft.

Fürst Danilo von Montenegro, Herrscher im Schatten der Türken

Kurz nach Loftus' Amtsantritt in der Position eines Envoyé Extraordinaire, im Mai, bedingten die Hintergründe einer türkisch-montenegrinischen Krise eine offizielle Adria-Reise Rumbolds im Beobachter-Status.

Nach dem Niedergang des altserbischen Reiches stand Montenegro seit 1528 zumindest nominell unter türkischer Oberhoheit. Immer wieder kam es zu erbitterten Auseinandersetzungen, das Land der Schwarzen Berge blieb ein Unruheherd am westlichen Rand des Herrschafts- und Einflußgebietes der Osmanen. Religiöses Oberhaupt und Volksführer der Bewohner war der jeweilige „Vladika", der montenegrinische Metropolit der serbisch-orthodoxen Kirche, mit dem Sitz in Cetinje. Den entscheidenden politischen Wechsel vollzog der seit 1851 regierende Vladika Danilo Petrovic Njegos, indem er ein Jahr nach seiner Investitur auf die geistliche Würde verzichtete und die Anerkennung des weltlichen Fürstentitels durch Österreich und Rußland erwirkte. Parallel mit den Operationen des Krimkriegs kämpfte er bis 1854 gegen die Türkei und suchte, wie Rumbold in seinem Reisebericht darlegt, im weiteren Verlauf Rückhalt und Förderung bei Napoleon III. Die permanente Konfliktsituation, die phasenweise ins akute Stadium heftiger bewaffneter Zusammenstöße trat, war Teil des in der internationalen Politik des 19. Jahrhunderts so schwerwiegenden Problemkreises „Pulverfaß Balkanhalbinsel" und könnte in manchem der heutigen Lage im Nahen Osten verglichen werden.

Daß Danilo auch im eigenen Volk, in den einander befehdenden Machtgruppen, Feinde erwuchsen, beweist das Attentat, das ein Montenegriner 1860 in Cattaro verübte. Der Fürst erlitt dabei Verletzungen, an denen er kurz darauf starb. Nachfolger wurde sein Neffe Nikita, der spätere König und letzte Herrscher des selbständigen Staates Montenegro.

Massaker in den Bergen

Lebendig schilderte Rumbold selbst die abenteuerlichen Ereignisse seiner Tour d'horizon durch eine ihm bisher unbekannte, wilde Welt. Er, der elegante junge Engländer, mag sich in diesem landschaftlich und menschlich zerklüfteten

Halborient ein wenig wie eine pikareske Romanfigur der Epoche ausgenommen haben, etwa wie ein Vetter von Jules Vernes berühmten Mr. Phileas Fogg.

„Die latente Feindschaft zwischen den Türken und den von ihnen irrig als Vasallen betrachteten unbotmäßigen Gebirgsbewohnern war vor kurzem in offenen Kriegszustand übergegangen, ausgelöst durch Zwiste wegen des Grenzbezirks Grahovo. Die Türken hatten auf dem umstrittenen Territorium einen größeren militärischen Verband zusammengezogen, wobei Fehler der Führung bewirkten, daß sie von ihrer Basis in Trebinje und von der Festung Klobuk, aus der sie ihren Nachschub erhielten, abgeschnitten wurden. So gerieten sie in eine kritische Lage und bereiteten den Rückzug vor."

„Auf einige verbissen ausgefochtene, aber nicht entscheidende Kämpfe folgte eine Art Waffenruhe, in deren Verlauf ein Emissär des Fürsten Danilo von Montenegro ins türkische Lager kam und dem Kommandeur Hussein Tscherkess Pascha versicherte, ein Abmarsch werde nicht behindert. Nach dieser Absprache setzte der Pascha seine Truppen landeinwärts in Bewegung, doch sobald sie die Gebirgsschluchten erreichten, griffen die Montenegriner von allen Seiten an und metzelten die meisten gegnerischen Soldaten nieder. Nur einer kleinen Restgruppe gelang es, sich mit ihrem Kommandeur nach Trebinje durchzuschlagen."

„Die Meldungen, die wir in Wien über diese Vorfälle erhielten, deuteten so schlüssig auf Intrigen der Franzosen und anderer Staaten hin, daß Lord Augustus telegrafisch London proponierte, jemanden an Ort und Stelle zu entsenden, um ein klares, wahrheitsgemäßes Bild von den Verhältnissen zu gewinnen. Nach Billigung seines Vorschlags übertrug er mir diese Aufgabe."

„Kalter Krieg" an der Adria

„Hocherfreut über diese mir anvertraute Mission, reiste ich in der zweiten Maiwoche aus Wien ab. In Begleitung des getreuen Perrini" (eines Gefährten, über dessen Person Rumbold nichts Näheres sagt) „ging ich in Triest an Bord eines Küstendampfers des Österreichischen Lloyd mit dem Ziel

Ragusa. Das sommerliche Wetter und das Meer, der Reiz des Neuartigen einer solchen Expedition und die malerische Küstenlandschaft machten die Seefahrt zu einem reinen Vergnügen."

„Manche dieser dalmatinischen Hafenstädte sind von einmaliger Schönheit, und unter den vielen, vielen wechselvollen Eindrücken, die ich im Gedächtnis bewahre, ist mir ein Erlebnis besonders deutlich in Erinnerung geblieben: unsere langsame Einfahrt an einem heißen, glastigen Sonntagnachmittag in die Bucht von Sebenico, deren Zugang ein Felsmassiv sperrt, bekrönt von einer alten Festung, über der noch immer der Markuslöwe stolz sein Haupt erhebt."

„In Zara traf ich zufällig Baron Piré, dem ich einige Jahre zuvor oft bei Lady Walpole in Florenz begegnet war, er kommandierte nun die Garnison. Ich entsinne mich auch eines reichlichen Frühstücks, das er mir bot, die einzige genießbare Mahlzeit, die ich im Verlauf dieser Reise bekam, denn was das Essen anging, waren die urtümlichen Verhältnisse des Landes schier zum Verzweifeln. Man mußte sich mit schauderhaften, von Knoblauch strotzenden Gerichten begnügen, die selbst einen viel weniger sybaritisch veranlagten Menschen als es ein mäßig verwöhnter Attaché aus Wien war, auf eine harte Probe gestellt hätten."

„Bei der Ankunft in Gravosa, dem Hafen Ragusas, sahen wir dort ein österreichisches Kanonenboot, befehligt von Baron Sterneck, später einer der Helden der Schlacht vor Lissa. Außerdem Ihrer Majestät Depeschenboot ‚Coquette' und zwei französische Linienschiffe, ich glaube, es waren die ‚Friedland' und die ‚Marengo', unter dem Kommando des Admirals Jurien de la Gravière, eines ausgezeichneten Marineoffiziers. Die Anwesenheit des französischen Geschwaders in diesen Gewässern war den österreichischen Behörden äußerst unwillkommen, aber dem Vernehmen nach mußte eines der Schiffe instand gesetzt werden. Damals gab es eine Bestimmung, daß ausländische Kriegsschiffe ohne Sondererlaubnis nicht längere Zeit in österreichischen Häfen ankern durften. Deshalb war in aller Form telegrafisch in Wien angefragt worden, ob zum Zweck der Reparaturen der Aufenthalt gestattet werde. Der Kaiser selbst hatte höflich diesem Ersuchen entsprochen, mit den Worten ‚Que le bien portant

Ragusa, eine wichtige Station auf Rumbolds abenteuerlicher Reise in den „Halborient"

entre avec le malade', wenngleich die Flottenbewegungen des französischen Verbandes mit beträchtlichem und, wie ich hinzufügen möchte, begreiflichem Mißtrauen verfolgt wurden. Die Spannungen zwischen den beiden Staaten hatten sich dermaßen verschärft, daß, wie mir ein österreichischer Artillerieoffizier sagte, seine Batterie in der Zone der Bocche di Cattaro schon Brandgranaten bereithielt, um die Frazosen zu empfangen, die so knapp vor der Küste manöverierten, daß man glauben konnte, sie wollten die Durchfahrt erzwingen."

Im Untergrund: Agenten Napoleons III.

„Meine erste Sorge nach der Ankunft in Ragusa war es, Mr. Churchill, unseren Konsul in Bosna Serai, ausfindig zu machen, der an die Küste gekommen war, um die Vorgänge zu beobachten. Er begrüßte mich sehr höflich und war mir während meiner Mission nach besten Kräften behilflich. Aus Wien hatte ich eine Chiffriertabelle mitgebracht und ging sofort daran, meinen Vorgesetzten telegrafisch Informationen zu übermitteln. Das Osmanische Reich glich einem Haus, in dem allenthalben Schießpulver zuhauf verstreut ist. Schon der kleinste Funke wirkte wie eine Höllenmaschine, und hier hatte sich weiß Gott genug Sprengstoff für eine gehörige Explosion angesammelt: der seit urdenklichen Zeichen existierende religiöse und Völkerhaß zwischen Türken und Montenegrinern war in offenen blutigen Feindseligkeiten voll zum Ausbruch gekommen, gleichsam in Lauffeuern, welche ausländische Agenten emsig schürten."

„Fürst Danilo von Montenegro hatte sich unter den Schutz der Tuilerien begeben, und seine Gemahlin Darinka – Tochter eines Triestiner Kaufmanns, eine gewinnende Dame, der ich einige Jahre später auf Korfu begegnete – hatte kürzlich während eines Aufenthalts in Frankreich die besondere Gunst der Kaiserin Eugenie errungen. Konsul Hecquard, einer aus der großen Schar skrupelloser, inferiorer Agenten, welche von den Tuilerien leider allzuoft eingesetzt wurden, um die schmutzige Arbeit zu leisten – da man natürlich, wenn nötig, leicht von ihnen abrücken konnte –, ermutigte insgeheim Montenegro und mißbrauchte das Vertrauen der Türken. Er war eng befreundet mit einem Monsieur Delarue, dem französischen Sekretär des Fürsten Danilo und Anstifter des Plans, die abmarschierenden türkischen Abteilungen in Grahovo in den Hinterhalt zu locken. Um die Lage noch weiter zu komplizieren, erschien nun die französische Flotteneinheit vor der Küste, und Admiral Jurien wählte just jenen Moment, um in Gala dem Fürsten in Cetinje einen Besuch abzustatten. Er stellte mir übrigens das freundliche Anerbieten, ihn zu begleiten, aber ich war nicht so arglos, in eine so deutlich sichtbare Falle zu treten, obwohl es mich gereizt hätte, in das damals noch kaum bekannte Binnenland der Schwarzen Berge vorzudringen.

„Während der zwei Wochen, die ich in Ragusa verbrachte, sammelte ich ziemlich viele Informationen über all diese Machenschaften und verfaßte ein vertrauliches Memorandum, das vom Foreign Office belobt wurde. Die Franzosen agierten damals in der Tat als Handlanger der Russen und machten sich zu Werkzeugen der traditionellen russischen Orientpolitik – in der Hoffnung, wie sich später wies, daß zur

Revanche St. Petersburg die gegen die Integrität der österreichischen Herrschaftsgebiete in Italien gerichteten Pläne Napoleons III. nicht durchkreuzen werde."

„Die Türken selbst waren blind und unfähig wie immer, sie stellten die ihnen gutgesinnten Österreicher auf eine arge Geduldprobe. Man hatte ihnen zugestanden, einige Bataillone auf österreichischem Boden, in Gravosa, zu landen, und statt diese Truppen als Verstärkung für den besiegten Befehlshaber sofort nach Trebinje in Marsch zu setzen, ließ das Kommando sie tagelang am Strand herumlungern, unter dem Vorwand, die Gebirgspässe zum türkischen Territorium befänden sich in den Händen der Montenegriner."

Ritt nach Trebinje

„Mittlerweile war die vorläufige Einstellung der Feindseligkeiten vereinbart worden, und da Churchill zu Hussein Paschas Hauptquartier nach Trebinje gereist war, beschloß ich, ihn vor meiner Rückkehr nach Wien dort aufzusuchen und ihm die mitgebrachte Chiffriertabelle zu übergeben."

„Diese Expedition unternahm ich nicht aus Abenteuerlust. Der österreichische General und andere Herren, mit denen ich mich in Ragusa angefreundet hatte, bemühten sich mit allen Überredungskünsten, mich davon abzubringen. Sie beteuerten, die Straße sei unsicher, offenbar die vorherrschende Meinung über die Verhältnisse, denn es fiel mir schwer, einen Führer und Pferde aufzutreiben. Ich hegte die Ansicht, daß ich keine Risiken mit den Montenegrinern einginge, selbst gesetzt den Fall, ich käme ihnen in die Quere. Es war unwahrscheinlich, daß sie es wagen würden, einen Engländer zu behelligen, der während der Waffenruhe in offizieller Funktion ihre Linien passierte."

„Obzwar die Entfernung zwischen Ragusa und Trebinje in der Geraden wohl nicht mehr als 30 Meilen beträgt, wurde es eine lange Tagesreise, weil das Gebirgsmassiv, das man überqueren muß, sehr steil und unwegsam ist. Ich wollte früh aufbrechen und hatte zunächst eine Meuterei des ehrenwerten, aber korpulenten Perrini zu unterdrücken. Des Reitens ungewohnt und von den in der Stadt kursierenden Gerüchten aufs tiefste beunruhigt, zeigte er großes Widerstreben, die für ihn bereitgestellte Stute zu besteigen. Daraufhin sagte ich ihm, er könne ja zurückbleiben, wenn er sich fürchte. Also erklomm der arme Kerl aus bloßer Scham den Sattel, in dem er dann mit einer Doppelflinte auf dem Rücken ein komisch-imposantes Bild bot. Doch kaum war er unterwegs, da wuchs sein Mut, und noch Jahre später zählte dieser Ritt in die Türkei zu seinen stolzesten und liebsten Erinnerungen."

„Der Tag war schön, aber sehr heiß, und nach einer längeren Steilstrecke endete die einigermaßen gute Serpentinenstraße beim letzten österreichischen Postenhaus. Danach hatten wir in der Ödnis des karstigen Berghangs auf halsbrecherischen Pfaden durch enge Schluchten zu klettern, häufig mußten wir absitzen und unsere Pferde am Zügel über lockeres Geröll führen, auf das die grelle Mittagssonne niederbrannte. Der Anstieg war sehr ermüdend, doch solange das Meer in Sicht blieb, lohnte der Anblick der grenzenlosen türkisblauen Weite und der schönen, seltsam gezackten Silhouette der dalmatinischen Küste die Anstrengungen reichlich. Als wir aus der Felswildnis der Ausläufer des Hanges auf der türkischen Seite ankamen, sahen wir am Zugang eines Hohlwegs ein verwahrlostes Gebäude, halb Wachhaus und halb ‚Khan', besetzt von einem wüsten Haufen Bewaffneter, wie sich herausstellte, ein Vorposten von Baschibosuks, die zu Hussein Paschas Streitmacht gehörten. Diese zerlumpten, aber stolzen, verwegenen Krieger empfingen mich mit großer Hochachtung, es gab den unvermeidlichen Kaffee und Tabak für den Tschibuk, und als wir nach dem Füttern und Tränken der Pferde wieder aufsaßen und in den Hohlweg einritten, feuerten die Soldaten aus Freude und mir zu Ehren ihre Steinschloßgewehre ab, eine Salve, die durch das Echo von den Felswänden des Passes für meine ungeübten Ohren bedrohlich klang, wie ein Überraschungsangriff der Montenegriner."

„Bei Sonnenuntergang erreichten wir das breite Tal von Trebinje. Bald darauf saßen wir in der grauen, mauerumgürteten Stadt vor einem alten verfallenen türkischen Haus ab, in dem der geschlagene Hussein Tscherkess Pascha Quartier genommen hatte. Nach einer, wie mir bei meinem Bärenhunger schien, ausgezeichneten Stärkung, bestehend aus den türkischen Speisen Kebab, Lammbraten und Pilav, berichtete mir mein Gastgeber – ein hochgewachsener hagerer Tscherkesse mittleren Alters und von großer persönlicher Kühnheit – mit allen Einzelheiten über seine Niederlage in Grahovo und die tückische Finte, die dazu geführt hatte. Churchill fungierte bei dieser Unterredung als Dolmetsch. Während der Schilderungen des Pascha machte ich Notizen, um sie später für meinen vertraulichen Report an das Londoner Außenamt zu verwenden."

Opfer eines gnadenlosen Kampfes

„Am nächsten Morgen, indessen die Pferde gesattelt wurden, unternahm der Kommandeur mit mir einen Rundgang durch die Stadt. Als wir an einem langgestreckten einstöckigen Gebäude vorbeikamen, das nun als Lazarett diente, zeigte er auf eine Gruppe armer Teufel, sie standen auf einem Balkon über der Straße, ihre Gesichter waren völlig von Bandagen bedeckt, die nur die Augen und das Kinn freiließen. Das waren einige Soldaten seiner Truppe, die Montenegriner hatten sie im Kampf gefangen und wieder zurückgeschickt – doch nicht, ohne ihnen vorher die Ohren und die Nasen abzuschneiden!"

„Mit diesem grauenvollen Bild vor Augen, das mich lange verfolgte, verabschiedete ich mich von dem glücklosen türkischen Befehlshaber. Froh war ich, als ich wieder im Sattel saß, unterwegs durch die kühle Morgenluft. Auf der halben Strecke, bei dem Postenhaus, wo ich am Vortag gerastet hatte und mich nun von der Eskorte trennte, die sich mir aus freien Stücken angeschlossen hatte, handelte ich einem zerlumpten Kerl aus der Schar sein langes albanisches Steinschloßgewehr ab, bis zum heutigen Tag besitze ich es als Andenken meiner Expedition."

„Da mich nichts in Ragusa hielt, schiffte ich mich auf dem nächsten Dampfer nach Triest ein. Vorher hatte ich aber die Genugtuung, den noch immer in Gravosa verharrenden anderen Pascha aufzusuchen, um ihm zu sagen, daß die Straße nach Trebinje gesichert und frei sei und daß Hussein hoffe, er werde schleunigst den Marsch antreten. Feldmarschalleutnant Mamula, der österreichische Divisionär in Dalmatien, dem ich auf der Rückreise in Zara eine Visite abstattete, war sehr erheitert, als ich ihm von meinem Gespräch mit dem übervorsichtigen Türken erzählte.“

„Freischütz“-Jagd in den böhmischen Wäldern

„Der Sommer und der Herbst 1858 ebenso wie die meisten Monate des folgenden Jahres gehörten sicherlich zu den unruhigsten Zeitspannen meines Lebens. Bei Durchsicht alter Notizen ersehe ich, daß ich im Verlauf von zwölf Monaten kaum länger als sechs Wochen an ein und demselben Ort verweilte. Um die Mitte des Juli war ich wieder in England, wo mir Lord Malmesbury, damals im Foreign Office, sehr freundlich begegnete. Er ließ mir sogar die Ehre zuteil werden, eine von mir verfaßte kurze Darstellung der Geschichte Montenegros im ‚Blue Book of Reports by Secretaries of Embassy and Legation‘ zu veröffentlichen.“

„Nach einem mehrwöchigen Aufenthalt in London gab es in Baden(-Baden) die gewohnte Reunion mit meinen Verwandten. Gegen Ende Oktober kehrte ich via Dresden nach Wien zurück. Die Familie Metternich traf ich mitten in den Vorbereitungen zur Reise nach ihrer böhmischen Besitzung Plass bei Pilsen an. Es bedurfte geringer Überredungskünste, um mich zu bewegen, Fürst Richard und seine Gemahlin zu begleiten. Gemeinsam fuhren wir nach Prag. Dort trennte sich der alte Fürst Clemens von uns, um sich wieder nach Wien zu begeben. Bei jenem Abschied sah ich ihn zum letztenmal.“

„Plass lag per Postkutsche eine gute Tagesreise von Prag entfernt, und es war schon fast dunkel, als wir unser Ziel erreichten – ein weitläufiges Gebäude, jahrhundertelang ein Kloster, ehe es zum Schloß umgewandelt wurde. An dem feuchtkalten Oktoberabend wirkte es ziemlich düster und unwohnlich. Aber nirgends verlebte ich eine vergnüglichere Woche. In Plass sammelte ich erste Erfahrungen mit der österreichischen Form der Treibjagd, und ich fand sie weitaus interessanter als das Schlachtfest unter zahmen Fasanen wie etwa im gutbesetzten Revier des alten Fürsten Paul Esterházy in Pottendorf bei Wien. Dabei war es gewiß keine leichte Sache, in bitterer Kälte zwischen Gestrüpp durch knöcheltiefen Neuschnee zu stapfen oder mehrere Stunden auf einem dunklen, windigen Plateau zu stehen und auf das Drücken der Treiberscharen zu warten, die zu jenen Kesseljagden aufgeboten wurden, um Hunderte von Hasen und einige Rehe meilenweit über die großen Ebenen heranzuhetzen. Auch war es nicht gerade hohes Weidwerk, die armen, verängstigten Tiere abzuschießen, die zu zehn oder zwanzig Stück blindlings vor die Mündungen unserer Hinterladerflinten liefen."

„Dennoch: die Tiefen der feierlichen böhmischen Wälder; die Stille, nur vom Knallen der Gewehre und den weichen slawischen Rufen der Treiber unterbrochen; die Gruppen von Forstleuten in Grau und Grün; die mittägliche Rast in irgendeiner wildromantischen windgeschützten Schlucht – dies alles zusammen ergab eine malerische Szenerie wie aus dem ‚Freischütz'!"

Bald nach der Rückkehr aus Plass rief Rumbold eine jähe, tödliche Erkrankung seines Onkels und einstigen Vormunds, des Barons Delmar, nach Paris. Und noch im selben Jahr 1858 mußte der junge Diplomat von der ihm schon so vertrauten Sphäre Wiens Abschied nehmen. Turnusgemäß entsandte ihn das Londoner Außenamt bei gleichzeitiger Beförderung zum Legationssekretär auf einen anderen Posten. Allerdings hätte sich Rumbold bei seinen Spaziergängen durch die Innere Stadt kaum träumen lassen, daß ihn das Schicksal nach den weisen Ratschlüssen des Foreign Office gar bis nach – Peking verschlagen sollte.

Aber es war kein Abschied für immer, wenn auch für Jahrzehnte, in denen sich vieles, sehr vieles änderte . . .

Brüstungsgitter des Palais Clary

4.
Seine Exzellenz in „Neu-Wien"
(1896–1897)

Wenn Sir Horace, wie er seit 1877 hieß, in reiferem Alter die Aufzeichnungen aus seiner Wiener Zeit durchblätterte und sich die weit zurückliegenden Geschehnisse wieder vergegenwärtigte, dann war ihm, als entströme den Seiten „. . . ein schwaches Aroma von erloschenen Wachslichtern, verblaßten Blumen und Parfums, die längst ihren Duft verloren haben."

Als junger Bonvivant war er von der diplomatischen Bühne Wiens abgegangen, als Père noble betrat er sie anno 1896 erneut. Die Britische Gesandtschaft war bereits 1860 in den Rang einer Botschaft erhoben worden, und Rumbold, nach einer globalen Karriere im Auswärtigen Dienst des Empire Geschäftsträger und Repräsentant seiner Königin am Hof von Den Haag, hatte dort schon im August vertraulich erfahren, daß mit der bevorstehenden Pensionierung des bisherigen britischen Botschafters in Wien, Lord Dufferin, seine eigene Ernennung mehr als wahrscheinlich war. Am 15. Oktober wurde sie in aller Form ausgesprochen. Rumbolds Reaktion war zwiespältig.

„Ich verließ Den Haag mit sehr gemischten Gefühlen, denn wenn es mich auch mit großer Genugtuung erfüllte, daß ich schließlich, nach nicht geringen Schwierigkeiten, die oberste Stufe der diplomatischen Staffelung erreicht hatte, mußte es mir in meinem Alter dennoch scheinen, daß die so lange ersehnte Rangerhöhung fast zu spät kam."

Sir Horace zählte damals siebenundsechzig Jahre. Zudem hatten, wie er offen zugab, er selbst und seine zweite Frau, Lady Louisa (Rumbolds erste Frau, eine Amerikanerin namens Caroline Harington, Tochter des US-Botschafters in Bern, war bereits 1872, nach nur fünfjähriger Ehe, gestorben) in den Niederlanden Wurzeln geschlagen, viele Freundschaften geschlossen und schieden deshalb schweren Herzens. Im November empfing ihn Königin Victoria auf Schloß Windsor in Privataudienz. Die Monarchin vergaß nicht, ihm herzliche

Rückkehr in eine veränderte Stadt: Sir Horace Rumbold als Botschafter

Grüße an die verwitwete Kronprinzessin Stefanie aufzutragen, der sie sich, wie allen Verwandten aus dem Haus Coburg, besonders eng verbunden fühlte.

Am 28. Dezember traf er als neuer Botschafter in Wien ein. „Es fällt mir keineswegs leicht, die Empfindungen, die mich bei der Rückkehr an einen Ort bewegten, den ich so gut kenne und so liebe wie Wien, in bündige Form zu fassen – einer Rückkehr nach so langer Zeit und in ganz anderer beruflicher Eigenschaft. Das vorherrschende Gefühl war und blieb natürlich eine gewisse Wehmut. Die Tatsache, daß man selbst ein anderer geworden war, ließ sich nicht übersehen, und in der alten Kaiserstadt hatte sich ein tiefgreifender Wandel vollzogen."

Das Diplomatenviertel

Diese Neuerungen zeigten sich schon in Rumbolds nunmehrigem unmittelbaren Wirkungskreis: die Vertretungen der Großmächte waren aus den Adelspalais der Inneren Stadt in das mittlerweile entstandene „Diplomatenviertel“ des 3. Bezirks übersiedelt. Sitz der Britischen Botschaft war ein 1875 errichtetes Gebäude mit der Adresse Metternichgasse 6. (Gegenwärtig Residenz des Botschafters, die Büros befinden sich seit 1949 in der Reisnerstraße 40. In diesem aus dem Jahr 1913 stammenden Bau hatte vorher die britische Besatzungsmacht ihr Hauptquartier.)

„Das Haus stand auf dem Gelände des einst sehr weitläufigen Gartens der Villa Metternich am Rennweg, an die ich mich aus den Zeiten des greisen Staatskanzlers so gut erinnere. Nur eine kleine Partie des Parks verblieb der Villa selbst, das Hauptareal war auf Baugründe aufgeteilt worden. Dort schuf auch das Deutsche Reich ein prächtiges Palais für seinen Geschäftsträger, und Rußland erwarb das reizende ‚petit hôtel‘ des Herzogs Adolf zu Nassau.“

„Bei unserem eigenen Sitz hatte das Londoner Schatzamt die Voranschläge empfindlich gekürzt, so daß die ursprünglichen Pläne geändert und der Situation angepaßt werden mußten. Für repräsentative Veranstaltungen größeren Stils war der Bau kaum tauglich, es gab keinen Raum, der sich als Ballsaal geeignet hätte, was in einer tanzfreudigen Metropole wie Wien schon fast ein Verbrechen ist, und nur sehr unzureichende Möglichkeiten für das Souper an Tischen, hier ein wichtiger Punkt aller großen gesellschaftlichen Ereignisse.“

Man sieht, Seine Exzellenz hatte die Feste der Wiener Jugendjahre eben nicht vergessen.

Zeremonielle Beglaubigung in der Hofburg

Am 11. Jänner 1897, etwas verspätet, da Kaiser Franz Joseph inzwischen auf der Jagd war, erfolgte Rumbolds Antrittsaudienz. Strikt nach den dafür geltenden Bestimmungen der höfischen Etikette und in diesem Fall doch mit einer gewissen persönlichen Note von seiten des Monarchen, zumal die beiden Herren im gleichen Alter standen, Rumbold war sogar um ein Jahr älter als der Kaiser. Da die Überreichung von Beglaubigungsschreiben jeweils zur Mittagszeit stattfand, mußten die Wiener an solchen Tagen auf die gewohnte, berühmte Attraktion des Militär-Platzkonzertes während der

Das Haus Metternichgasse 6 im „Diplomatenviertel“ des 3. Bezirks, zu Rumbolds Zeit Sitz der Britischen Botschaft, nun Residenz des jeweiligen Botschafters

Wachablösung im Inneren Burghof verzichten. Eine Verfügung aus Rücksichtnahme, um das Audienzgespräch nicht durch das Geschmetter der Flügelhörner und Baßtuben von unten zu stören. Die von Rumbold erwähnte „Botschafterstiege" im Schweizerhof war damals der Festaufgang der Hofburg.

„Drei Hofwagen wurden zu der Botschaft entsandt, um mich und meine Begleitung einzuholen, diese fuhr mir in den ersten beiden voraus, ich folgte im dritten Gefährt – einer sehr schönen Glaskutsche –, mir gegenüber saß ein Ordonnanzoffizier des Kaisers, ein junger Prinz Thurn und Taxis. Nachher sagte man mir, der Monarch habe gerade ihn dazu ausgewählt, weil er gehört hatte, daß ich dessen Vater, Prinz Lamoral Taxis, in längst vergangenen Tagen gut gekannt hatte, als dieser der brillante Vortänzer bei den Wiener Bällen war und noch nicht ein k. u. k. Feldmarschalleutnant im Ruhestand."

„Die Kutschen, von prächtigen grauen Lipizzanern gezogen, ergaben ein hoheitsvolles Bild, und als wir über den breiten Ring fuhren, gerade zur Mittagszeit, wenn er am belebtesten ist, und jeder grüßte, den wir passierten, da mußte ich an jene fernen Tage denken, in denen ich als einfacher Attaché hier gelebt hatte."

„Als wir unter dem Bogen des Burgtores über die weite Esplanade, die nun mit den wunderbaren Reiterstatuen des Prinzen Eugen und des Erzherzogs Carl geziert ist, in die Hofburg fuhre, trat die Wache ins Gewehr, und der Tambour rührte die Trommel. Vor der ‚Botschafterstiege' stiegen wir aus, und unter Vorantritt von Hofchargen gingen wir durch eine lange Flucht von Gemächern, in denen Garden Spalier standen und wo mich sogleich der Oberzeremonienmeister Koloman Graf Hunyadi begrüßte, die malerischste Erscheinung am Kaiserhof, ein alter Bekannter. In einem anderen Salon hieß mich der Oberstkämmerer Graf Abensperg und Traun willkommen, auch ihn kannte ich seit langem, zudem war er ein einstiger Kollege aus meiner Zeit an der Botschaft in Paris. Dann betrat der Generaladjutant Graf Paar den Nebenraum und meldete meine Ankunft. Die Türen wurden geöffnet, und ich stand im Audienzzimmer, allein mit dem Kaiser."

„Nachdem ich die gebührende Reverenz erwiesen und mein Beglaubigungsschreiben überreicht hatte, sprach mich der Herrscher, dem ich nun nach fast vierzig Jahren wieder begegnete, mit größter Höflichkeit – ich könnte fast sagen freundlich – an und erinnerte sich gütig meines früheren Dienstes bei der Gesandtschaft, er sagte, er freue sich, in mir ‚une très ancienne connaissance‘ wiederzusehen. Nur jene, welche den Vorzug haben, den Kaiser persönlich zu kennen, kennen auch seine gewinnende Art, seinen wachen Blick und den Ausdruck von Güte, der ein Gesicht erhellt, dessen etwas derbe Züge sonst allzu sorgenvoll erscheinen. Es ist jener Ausdruck, der, wie ich irgendwo gelesen habe, den Maler Lenbach bewog, eines Tages, als der Monarch ihm für ein Porträt saß, den Pinsel verzweifelt hinzuwerfen. Als Seine Majestät ihn fragte, was denn geschehen sei, antwortete er mit der Offenheit eines großen Künstlers, er denke daran, daß dieses freundliche Gesicht zur Maske geworden sein müsse, die das wahre Antlitz des am härtesten geprüften Mannes der ganzen Monarchie verberge.“

Der mit viel Intuition begabte Sir Horace spielte hier auf eine seltsame Episode aus der Kunstgeschichte des 19. Jahrhunderts an. Franz v. Lenbach, der Münchener „Malerfürst“, arbeitete im Winter 1872/73 in Wien an einem ganzfigurigen Porträt des Kaisers, das nicht zur Zufriedenheit des Künstlers gelingen wollte. Da sprang Arnold Boecklin helfend ein, er gestaltete vor allem den Hintergrund in seinem unverwechselbaren Stil. So entstand im Zusammenwirken der beiden bedeutenden Maler eines der merkwürdigsten unter den vielen Franz-Joseph-Bildnissen. Sein Platz ist im Kaiserappartement der Hofburg, doch im Sommer 1984 wurde es in der großen historischen Ausstellung „Das Zeitalter Kaiser Fanz Josephs“ in Schloß Grafenegg gezeigt.

„Nachdem der Monarch ausführlich und voll Wärme über den Wert gesprochen hatte, den er seit je den guten Beziehungen zwischen unseren Staaten beimesse, betonte er die besondere Wichtigkeit solcher Konkordanz zu einem Zeitpunkt, da in Konstantinopel schwerwiegende Fragen erörtert würden, die das völlige Einverständnis der damit befaßten Mächte erforderten. Meine Audienz – die, wie mir meine österreichischen Freunde nachher sagten, ungewöhnlich lange dauerte –

ging nun zu Ende, und nach den Geboten der Etikette mußte ich mich rückwärts schreitend der Tür so weit nähern, um leise anklopfen zu können, als Signal für den Eintritt meiner Beamten, die ich dann dem Kaiser vorstellte. Mit jedem von ihnen wechselte er einige Worte. Wenige Tage später (am 14. Jänner) war ich zum Hofdiner geladen, bei dem mich die Entschiedenheit des Monarchen in bezug auf die Probleme des Ostens beeindruckte, die im Moment und noch mehrere Monate lang die volle Aufmerksamkeit der Großmächte in Anspruch nahmen. Sehr dankenswert war auch sein Interesse für unsere Vorbereitungen zum Durchbruch in Richtung Khartoum und seine Bewunderung für die Strategie des Dongola-Feldzugs."

Das Stichwort „Konstantinopel" in der Unterredung während der Antrittsaudienz betraf die internationalen Weiterungen grausamer, blutiger Ausschreitungen der Türken gegen die Armenier, ein Thema, zu dem Rumbold als berufener Beobachter im folgenden mehr zu sagen hat. Gleichzeitig liefen die Operationen anglo-ägyptischer Truppen unter dem Kommando des berühmten „eisernen" Generals Horatio Herbert Kitchener, um in mörderischen Wüstenkämpfen gegen die „Derwische" den 1885 an den Mahdi verlorenen Sudan zurückzuerobern. Geschehnisse, an denen aktiv wie auch als Opfer orientalischer Willkür ein Österreicher beteiligt war, dessen Abenteuer später in der Heimat Sensationen machten: der aus dem Wiener Vorort Ober-St. Veit stammende Rudolph Slatin oder Slatin-Pascha. Wir werden ihm in diesem Buch noch begegnen.

Hilfe für eine bedrohte Minderheit

„Die öffentliche Meinung in der gesamten zivilisierten Welt stand damals noch unter dem bestürzenden Eindruck der Armenier-Massaker, die, beginnend im Jahr 1895 mit den Greueltaten in Armenien selbst, sich westwärts ausgebreitet hatten und ihren Höhepunkt in dem grauenhaften Blutbad erreichten, das sich im August 1896 in der Hauptstadt des Osmanischen Reiches ereignete. Die Empörung über diese Vorgänge hatte sich in einmütiger Verurteilung geäußert, einer Übereinstimmung, wie sie zwischen jenen Mächten, die sich für Fragen der Levante interessierten, sonst nicht immer festzustellen war. Im Dezember 1896 kam es zu einer britisch-russischen Verständigung, um die Durchführung der Reformen zu gewährleisten, die für die armenischen Gebiete der Türkei als unerläßlich betrachtet wurden. Dies war einer der Versuche, die Bedingungen für die unterdrückten Völkerschaften des Reiches zu verbessern – voll ehrlicher guter Absicht in Angriff genommen, doch durch die Zwietracht eben jener Völker und die divergierenden Zielsetzungen der Großmächte vereitelt. Ganz zu schweigen von der Geschicklichkeit, mit welcher der Yildiz Kiosk das geringste Anzeichen von Uneinigkeit sofort zu nutzen verstand. In diesem Fall wurde allerdings ein definitiver Schritt getan: die Einberufung zu einer Ad-hoc-Konferenz der Botschafter bei der Hohen Pforte. Als ich meinen Posten in Wien antrat, arbeiteten sie eifrig ein gemeinsames Programm für künfigte Wendungen zum Besseren aus."

„Obwohl die Botschafterkonferenz sich ihren Aufgaben in Harmonie widmete, ohne Reibungen, war in Wien dennoch viel von dem alten Mißtrauen gegen die russische Orientpolitik spürbar. Verbunden mit dem Bestreben, in Erfahrung zu bringen, wie weit man sich darauf verlassen könne, daß London in den Kardinalpunkten – der Erhaltung des Status quo in Konstantinopel und in der Meerenge – nicht von seinem traditionellen politischen Kurs abweichen werde. Österreichische Regierungskreise hegten die konkrete Befürchtung, neuerliche Unruhen in der türkischen Hauptstadt, ob von den Armenischen Komitees oder anderen fanatischen Elementen wie den Softas oder den Jungtürken ausgelöst, könnten eine Gefährdung der Sicherheit ausländischer Gruppen und sogar der diplomatischen Vertretungen zur Folge haben und damit Rußland einen willkommenen Vorwand für einen Handstreich gegen Konstantinopel bieten. Andererseits wurde glaubhaft gemeldet, der Sultan sei über den Druck, den die Großmächte auf ihn ausübten, sehr beunruhigt. Einmal hatte er tatsächlich ausgerufen, er werde lieber die Russen herbeiholen und sich in ihre Hände geben als die Behelligung mit diesen Reformplänen zu dulden."

„Aus solchen Besorgnissen resultierte die allgemein geäußerte und von hohen Autoritäten wie Graf Kálnoky und Kállay geteilte Ungewißheit, ob in einem plötzlichen Krisenfall damit gerechnet werden könne, daß die anderen Mächte sich an die Verträge halten und Rußland wirksam Schach bieten würden. In Wien war man, was das betraf, eindeutig pessimistisch. Selbst ein so sehr zum Optimismus neigender Staatsmann wie Graf Goluchowsky – Kálnokys Nachfolger als k. u. k. Außenminister – vertrat die Ansicht, dem Nahen Osten stehe eine düstere Zukunft bevor."

„Bald nach meiner Ankunft war Goluchowski nach Berlin gereist, wo er an einer Kapitelversammlung des Ordens vom Schwarzen Adler teilnahm und als besonderer Ehrengast behandelt wurde. Bei seiner Rückkehr war er bis zu einem gewissen Grad von den dort gängigen Anschauungen beeinflußt, in unserer, der britischen Einstellung zu den Problemen des Nahen Ostens, habe sich ein fundamentaler Wandel vollzogen. Vertraulich hatte er in Berlin die Behauptung gehört, dieser Umschwung sei z. T. durch die neuerliche Festigung unserer beherrschenden Position in Ägypten bedingt, womit sich unser Interesse an der Frage einer Kontrolle des Bosporus vermindert habe. In noch höherem Maß, so hieß es, wirke sich dabei der Abscheu der öffentlichen Meinung vor unserem alten Verbündeten und Protegé aus, eine Aversion, die, von den Greueln in Bulgarien herrührend, nun durch die Verfolgung der Armenier wieder aufgelebt sei. Mit anderen Worten: nach solcher Auslegung sah sich die Regierung Ihrer Majestät angesichts der wachsenden Feindseligkeit gegen die Türken gezwungen, ihre Haltung zu Orientfragen wesentlich zu modifizieren. Das angestrebte Ziel bei der Verbreitung solcher Theorien war es natürlich, den schwindenden britischen Einfluß auf die Hohe Pforte noch weiter zu schwächen und damit den Weg für den allmählichen Aufbau jener deutschen Machtposition im Yildiz Kiosk zu bereiten, deren bemerkenswerte politische und wirtschaftliche Ergebnisse wir kennen."

„Die in Berlin offen und geringschätzig geäußerte ehrliche oder bloß vorgetäuschte Skepsis gegenüber der Bereitschaft Britanniens, das Schwert zu ziehen, es sei denn in jenen begrenzten Konflikten, die es in seinem übergroß gewordenen Empire zwangsläufig austragen müsse, hatte auch in Wien einigen Widerhall gefunden. Unter diesen Bedingungen war es nicht leicht, die kaiserliche Regierung davon zu überzeugen, daß unsere Nahostpolitik in ihren Grundzügen unverändert blieb. Diese Phase des Zweifels und der Sorge zeitigte ursächlich jenen neuen Kurs, den man in Wien bei der Behandlung der wichtigen Balkanfragen einschlug, auf die Österreich-Ungarn, aus Deutschland verdrängt und seiner Territorien in Italien beraubt, nun fast ausschließlich seine Aufmerksamkeit konzentriert."

„In der Angst vor einer möglichen Isolierung im Fall einer jählings ausbrechenden akuten Krise am Bosporus erwog die kaiserliche Regierung, durchaus folgerichtig, die Vorteile einer direkten Verständigung mit eben der Macht, deren Plänen sie etwas zu viel Bedrohliches beimaß. Während des Besuchs von Kaiser Franz Joseph in St. Petersburg gegen Ende April des Jahres 1897 wurde die Basis für eine generelle Vereinbarung mit Rußland über die Probleme des Balkans geschaffen."

Ein „homme du monde" auf dem Ballhausplatz

Große Verdiente um diese Annäherung der beiden Antagonisten schrieb Sir Horace dem österreichisch-ungarischen Außenminister Agenor Graf Goluchowski zu, einem polnischen, mehr noch: einem „sarmatischen" Edelmann, womit die Herkunft aus den romantisch verklärten Traditionen alt- und urpolnischen Adels gemeint war, eine malerische, von den etwas barbarischen östlichen Farben getönte Noblesse. Bei Wiener Politikerzirkeln und der Crème de la crème freilich stand der Minister kaum in sehr hohem Ansehen, man sprach ihm die wichtigsten erforderlichen Fähigkeiten für sein Ressort ab, Entschlußkraft, gepaart mit diplomatischem Geschick, mokierte sich über seinen Pfauenstolz, und wenige Jahre später sollte ihn das Enfant terrible des Reichsrates, der abenteuernde Graf Adalbert Sternberg, der sich zu einem blaublütigen Wiener Original entwickelte, in einer seiner vielen Broschüren mit geradezu kabarettreifem Witz glossieren.

Rumbolds Gesprächspartner, der k. u. k. Außenminister Agenor Graf Goluchowski

Rumbold indes lernte den Minister vielleicht nicht so gründlich, aber anders kennen und kargte nicht mit Lob.

„Was meinen persönlichen und offiziellen Verkehr mit Graf Goluchowski betrifft, war er während meiner vierjährigen Amtszeit in Wien von der angenehmsten Art. Ich – ebenso wie meine Kollegen – fand ihn stets geduldig, hilfsbereit und äußerst konziliant, dabei sehr wohl in der Lage, auf seinem Standpunkt zu beharren, wenn es darauf ankam.(!) Als ‚sanguinischer Sarmate mit dem vollendetsten Pariser Schliff', wie er einmal bezeichnet wurde, ist Graf Goluchowski, der Staatsmann, im wesentlichen ein ‚homme du monde', ein Typus also, der in den großen Staatskanzleien Europas immer seltener wird. Der schöne Empfangssalon am Ballhausplatz, seinem Sitz, und das Arbeitszimmer, in dem einst Fürst Kaunitz wirkte, sind voll von historischen Erinnerungen, da sie die Sphäre Metternichs, des Fürsten Felix Schwarzenberg, des Grafen Rechberg und, last not least, des Grafen Kálnoky waren. Dort bot sich außerdem ein freundliches Milieu für den Diplomaten, der, gekommen um Meinungen auszutauschen oder Weisungen auszuführen, Dankbarkeit empfand, wenn trockene politische Diskussionen bisweilen durch eine amüsante Abschweifung oder irgendeine eingestreute Randbemerkung zum Gesellschaftsleben in Wien und anderswo aufgelockert wurde, worin sich auch zeigte, wie genau der Minister über alles, was in der Welt um ihn vorging, auf dem laufenden blieb. Aus Paris, wo Graf Goluchowski einige Jahre tätig war und sich großer Beliebtheit erfreute, brachte er die reizendste Gattin in der Person Anna Murats mit, die im Außenministerum mit sehr viel Takt und Anmut als Dame des Hauses waltete."

Der Kaiser auf dem Hofball „im Dienst"

„Trotz der Wolken am politischen Horizont verlief diese erste Wintersaison, die wir in der Kaiserstadt verlebten, sehr anregend. Es gab die beiden gewohnten Veranstaltungen des Hofes, den ‚Hofball' und den ‚Ball bei Hof'. Die feine Unterscheidung zeigt an, daß ersterer eine große offizielle Gala ist, an der jeder, der Zutritt zum Kaiserhof hat, teilnehmen kann, während letzterer einem kleinen gewählten Kreis vorbehalten bleibt."

Dem Diplomatischen Corps stand übrigens das Recht zu, in Wien weilende Bürger des eigenen Staates für die Einladung zum Hofball vorzuschlagen, sofern ihr Status den Bedingungen entsprach. Solche Gäste wurden, weil alles seine Ordnung haben mußte, in die Rubrik „Fremde von Distinktion" eingestuft.

„Der Hofball war ein glanzvolles Fest und vom Erscheinungsbild her sehr beeindruckend, wenn auch zwangsläufig zeremoniell und ermüdend, besonders durch den langen diplomatischen Cercle, der es einleitete, denn unser Corps Diplomatique war ungewöhnlich zahlreich – etwa 140 Personen, die Damen nicht eingerechnet. Sie alle wurden der Reihe nach vom Kaiser und von Erzherzogin Marie Josepha, der Gemahlin des Erzherzogs Otto, die in Abwesenheit der Kaiserin als erste Dame des Hofes fungierte, in kurze Gespräche gezogen. Der riesengroße, sehr hell erleuchtete Ballsaal, in den wir den hohen Herrschaften folgen, bot ein strahlendes

‚coup d'oeil'. Der Familienschmuck der österreichischen Aristokratinnen ist zurecht für seine Pracht berühmt, und die vielen verschiedenen Uniformen, noch mehr aber die höfischen Nationaltrachten der ungarischen Magnaten und einiger polnischer Hochadeliger belebten die Szenerie mit den schönsten Farben. Die Uniformen der österreichischen Armee sind zwar sehr kleidsam, aber doch nicht mit jenen zu vergleichen, an die ich mich von früher erinnere, wiewohl sie sich zweifellos weitaus besser für den Dienst eignen. Zwischen den Tänzen ging der Kaiser unermüdlich umher, wählte die Gäste aus, mit denen er zu konversieren wünschte, ließ sich die Debütantinnen vorstellen und richtete hin und wieder einige Worte an den einen oder anderen von uns Vertretern der fremden Staaten."

„Auf diese Weise erledigte er im Verlauf des Abends so viel Arbeit wie einer seiner Minister an einem normalen Wochentag!"

„Bei diesen großen offiziellen Bällen gibt es kein reguläres Souper, das Tanzvergnügen endet um Mitternacht, nach einem langen Cotillon, während der ermattete Botschafter, der seit halb sieben auf den Beinen ist, sich in eine Ecke zurückzieht, wo er nun geruhsam den bezaubernden Klängen der Musik unter der Leitung von Eduard Strauß lauschen kann, des Jüngsten aus der Dynastie der Walzerkomponisten. Die Botschaftersgattinnen sind bei solchen Hoffesten viel besser dran als ihre Männer. Abgesehen davon, daß für sie eine eigene Sitzbank reserviert ist, werden sie abwechselnd gebeten, neben der präsidierenden Erzherzogin auf dem Podium Platz zu nehmen, das der kaiserlichen Familie vorbehalten bleibt, und sich nachher mit den Erzherzoginnen und einigen österreichischen Fürstinnen zu einer Art Tee-Souper zu begeben. Die Auszeichnung, mit welcher die Gemahlinnen von Botschaftern am Kaiserhof behandelt werden, erinnert mich oft an einen Ausspruch der verstorbenen Gräfin Apponyi, die einzigen beneidenswerten Positionen in der Diplomatie seien jene eines Attachés und einer Botschafterin."

„Das reizvollste dieser Feste war der ‚Ball bei Hof', der strikt den erlesensten Kreisen der Wiener Gesellschaft vorbehalten ist und bis auf die Ordenssterne und Dekorationen der Herren – Schulterbänder der Großkreuze werden bei diesem

Anlaß seltsamerweise nicht getragen – eher wie eine sehr noble private Fête wirkt, zu der nur jene Gäste, die Offiziersränge haben, in Uniform erscheinen."

Um den habsburgisch-familiären Charakter des Balles bei Hof zu betonen, war es Usus, daß Kaiser Franz Joseph selbst und die Generale aus dem Erzhaus nicht die traditionelle Generals-Gala – zweireihiger weißer Waffenrock und goldbordierte rote Pantalons – trugen, sondern die Uniformen der Infanterie-, Kavallerie- oder Artillerieregimenter, deren Inhaberwürde ihnen verliehen worden war. Bis auf den Orden vom Goldenen Vlies unterschieden sie sich darin äußerlich nicht von normalen Obersten. Der Monarch persönlich legte die Uniform der „Kaiser-Infanterie" an, das war das Troppauer IR 1.

„Diesem Ball geht kein Cercle voraus, die kaiserliche Familie erscheint – in schön geordnetem Aufzug wie bei unseren eigenen englischen Hofbällen –, sobald die Gäste versammelt sind. Vor dem Cotillon wird an Tischen ein excellentes Souper serviert, bei welchem die Botschafter ihre Plätze an der Tafel der Erzherzogin Marie Josepha haben und ihre Gattinnen an der des Kaisers."

Repräsentationspflichten

„In jenem Winter fanden auch große Bälle in manchen der führenden Wiener Häuser, statt, so im prächtigen Palais Pallavicini am Josephsplatz, wo es einen ideal geeigneten Ballsaal gibt. Ministerpräsident Graf Badeni lud zu einer wunderschönen ‚Fête' in seine offizielle Residenz in der Wipplingerstraße ein (Böhmische Hofkanzlei), welche der Kaiser mit seiner Anwesenheit beehrte. Dies war eine seltene Auszeichnung, und die ‚Fête', die mich damals vor allen durch die fast schmerzhaft helle elektrische Beleuchtung der langen Raumflucht beeindruckte, erwies sich in verschiedener Hinsicht als denkwürdig. Deshalb nämlich, weil sie nur wenige Monate dem sensationellen Sturz des Ministerpräsidenten vorausging, der bei seinem Herrscher in so hoher Gunst gestanden war."

Durch merkwürdiges Zusammentreffen, ja eine Verdichtung von Ereignissen sollte dieses Jahr 1897 zu einer Phase markanter Zäsuren werden, in der Symptome künftiger Entwicklungen in Österreich klar zutage traten: Die im weiteren eingehend erörterte Badeni-Affäre zeigte mit aller Schärfe die zunehmende Radikalisierung des Nationalitätenhaders, die Bestellung Karl Luegers zum Bürgermeister von Wien offenbarte beispielhaft die Potenz einer Massenpartei und des von ihr emporgetragenen Typus des Volkstribunen neuer Prägung, und die Gründung der Wiener Secession rief die Verkünder eines „Heiligen Frühlings“ neuer österreichischer Kunst auf den Plan. Drei Vorgänge, deren Auswirkungen die francisco-josephinische Spätepoche wesentlich beeinflußten. Setzt man in diese Reihe auch das Todesdatum von Johannes Brahms ein, den 3. April, dann ist damit zudem der Endpunkt der musikalischen Wiener Klassik fixiert, die Wende zu der Ära Gustav Mahlers, Franz Schmidts und Arnold Schönbergs angedeutet.

Für Sir Horace als Briten brachte das Jahr den einmaligen, zentralen Termin des Diamantenen Regierungsjubiläums seiner Königin. Zu seinen ersten Repräsentationspflichten gehörten Antrittsbesuche bei den in Wien lebenden Mitgliedern des Kaiserhauses, darunter Kronprinzessin Stephanie.

„Freundlich, heiter, mit künstlerischen Neigungen. Als Gattin und Tochter sehr zu bedauern, aber einer jener Menschen, bei denen, zum Glück für sie selbst, die Tagödien und Fehlschläge des Lebens nur wenige Spuren zu hinterlassen scheinen.“

Große Sympathien erweckte in dem Botschafter der populäre Erzherzog Rainer, hoher Militär und Förderer der Wissenschaften, ein weißbärtiger feiner alter Herr, der in seinem Palais auf der Wieden residierte.

„Erst später begegneten wir der rührendsten Erscheinung des oft geprüften Herrscherhauses in Gestalt von Erzherzogin Marie Valerie, der jüngsten Tochter des Kaisers und seiner Antigone, die aber aus ihrem schönen Schloß Wallsee an der Donau nur selten nach Wien kam. Von der Mutter, deren liebste Gefährtin sie war, hat die Erzherzogin die schönen Augen und die angenehme dunkle Stimme geerbt, in ihrem Mienenspiel spiegeln sich Charakter und ein Geist, der ihre etwas unregelmäßigen Gesichtszüge veredelt, während ihre sanfte, gewinnende Art begreiflich macht, welchen Trost und

Frieden der arg geplagte Monarch in ihrer Gesellschaft findet.“

„Kurz darauf gaben wir selbst ein großes Fest, nämlich das formelle ‚Ricevimento‘, das jeder am Kaiserhof akkreditierte Botschafter nach seiner Ankunft hält, in unserem Fall freilich verzögerte es sich wegen der Renovierung des Botschaftsgebäudes bis zum April.“

Über diese in der Diplomatie des 19. Jahrhunderts allgemein übliche, einem festgelegten Codex folgende Form der Repräsentation informiert uns als österreichischer Gewährsmann Alexander v. Musulin:

„Die sogenannten ‚Ricevimenti‘ sind heute (nach 1920) und waren schon vor dem Weltkriege ziemlich außer Übung gekommen. Man nannte so den ersten großen Empfang des neu ernannten Botschafters, der als persönlicher Vertreter seines Monarchen die Vorzugsstellung besaß, daß man zuerst zu ihm ging, bevor er noch, wie es beispielsweise einem Gesandten zukam, den ersten Besuch gemacht hatte. Zu einem solchen Ricevimento erhielten alle Personen, die irgendeinen Anspruch darauf hatten, eine gedruckte Ansage, die keine Einladung, sondern nur eine Anzeige war, daß der Botschafter an diesem und diesem Tag und zu dieser und dieser Stunde empfangen würde. Nur die bereits akkreditierten Kollegen des neuen Botschafters erhielten solche Anzeigen nicht; sie wurden durch Privatbriefe des Botschafters selbst von dem bevorstehenden Ricevimento verständigt und um die Ehre gebeten, bei demselben erscheinen zu wollen.“

Den speziellen Fall, das subtile Zusammenspiel zwischen ausländischer Mission und höfischen Instanzen, die dabei beobachteten Finessen der Rangordnung, also die wienerische Besonderheit solcher Ricevimenti, schilderte Sir Horace selbst.

„Diese Veranstaltungen werden zur Gänze vom Hof betreut, der offiziell bekanntgibt, der Botschafter werde an zwei aufeinanderfolgenden Abenden zwischen neun und elf Uhr empfangen. Vor dem Portal wird eine Kavalleriewache postiert, im Treppenaufgang stehen andere Soldaten Spalier. Das Oberstkämmereramt entsendet Chargen, welche die Besucher ankündigen. Und zwei hohe Würdenträger – bei uns Fürst Clary und Aldringen und seine Gemahlin, eine geborene Prinzessin Radziwill – übernehmen die Aufgabe, die Gesellschaft dem Botschafter bzw. dessen Gattin zu präsentieren. Die Herren sind natürlich in voller Uniform wie auf einem Empfang bei Hof, und alle ‚sommités' der Wiener Welt schreiten vorbei, manche der vornehmsten Damen setzen sich für eine Minute zur Botschafterin, ehe sie weitergehen."

„Es braucht kaum erläutert zu werden, daß das dabei geltende Zeremoniell sich auf die Prämisse gründet, der Botschafter sei der unmittelbare Repräsentant seines Herrschers und als solchem gebührten ihn gleichsam königliche Ehren. An keinem anderen Hof geht diese Fiktion so weit wie in Wien. Ausländische Geschäftsträger des Botschafterranges werden in eine ganz andere Kategorie eingestuft als Gesandte und Chefs de Mission. Sogar auf dem Terrain fremder Botschaften haben sie den Vortritt vor Österreichern in Spitzenpositionen, eine Regelung, die mich anfangs in nicht geringe Verlegenheit brachte und die Tischordnung bei großen Diners manchmal schwierig gestaltete. Doch genug von offiziellem Pomp und den Fragen von Geltung und Ansehen. Die Wiener sagen: ‚Ein Botschafter ist ein sehr großes Thier' und zuweilen trifft dies tatsächlich zu!"

Auf der Suche nach der verlorenen Zeit

Unter seinen jüngeren ausländischen Kollegen kam sich Rumbold just wie Rip Van Winkle vor, die Titelfigur der Meisternovelle des amerikanischen Romantikers Washington Irving, ein wackerer Neu-Amsterdamer, der durch Zauberbann schier hundert Jahre verschlafen hatte. Sir Horace ging auf die Suche nach der verlorenen Zeit. Seine Erinnerungen verbanden ihn noch mit dem Wien des Nachbiedermeier, dem Wien der Basteien, Waldmüllers und Nestroys, doch nun befand er sich plötzlich in der Stadt Klimts und Schnitzlers, wenngleich sie beide niemals in seinen Gesichtskreis traten. Die eigentliche Ringstraßen-Ära hatte er gänzlich übersprungen. Diese Polarisierung gibt den Reminiszenzen und Schilderungen aus den beiden Perioden seiner diplomatischen Tätigkeit ein reizvolles Spannungsverhältnis.

„Die Umschau unter Freunden und Bekannten aus der

Wiener Gesellschaft, die mir so vertraut waren, konnte nach einer Pause von so vielen Jahren nur traurige Erlebnisse bringen. Anfangs hatte ich wahrhaftig das Gefühl, als gehörte ich einer völlig entschwundenen Generation an, und dieser triste Eindruck verstärkte sich durch die Tatsache, daß mehrere jener Personen, die ich am liebsten wiedergesehen hätte, relativ kurz vorher von dieser Welt gegangen waren. Allen voran Fürst Richard Metternich, seit vierzig Jahren ein Freund, mit dem ich als junger Mensch gemeinsam in Brighton gejagt hatte und dem ich oft auf dem Johannisberg (dem rheinischen Schloß des Geschlechtes) und anderswo begegnet war. Der Name des fähigen, warmherzigen und besonnenen Richard ist mit der Geschichte des französischen Zweiten Kaiserreichs verbunden. Er war es, der zusammen mit Conte Nigra, den ich nun ich Wien kennenlernte, an jenem denkwürdigen Septembertag (des Jahres 1870) der Kaiserin Eugenie sicheres Geleit aus den Tuilerien gegeben hatte. (Noch ein dritter entschlossener Mann bot der Gefährdeten seinen Schutz: kein anderer als Ferdinand Lesseps, der Erbauer des Suezkanals.) Richard Metternich starb achtzehn Monate vor meinem Amtanstritt in Wien an verfrühter Entkräftung, zuletzt, wie ich hörte, nur mehr ein Schatten seiner selbst."

„Einige Zeit nach meiner Ankunft verlor ich in Graf Kálnoky einen anderen treuen Freund. Meine Bekanntschaft mit ihm datierte aus der Zeit, als er in den sechziger Jahren unter Graf Rudolf Apponyi an der Botschaft in London diente. Nicht sehr lange vor seinem Tod hatte Graf Kálnoky das von ihm sehr kompetent verwaltete Portefeuille des k. u. k. Außenministers zurückgelegt. In hohem Maß war er das Opfer einer jener periodischen Aufwallungen politischer Leidenschaften in Ungarn, die so viele österreichisch-ungarische Staatsmänner ihre Stellungen kosteten. Zu seinem Angedenken kann ich einen Umstand erwähnen, der beweist, daß er sich meiner freundlich erinnerte, ich erfuhr davon in Den Haag aus zuverlässiger Quelle. Als unser Botschafterposten in Wien vor mehreren Jahren vakant wurde, ließ Graf Kálnoky privatim in der Downing Street andeuten, daß er sehr erfreut wäre, wenn die Wahl für die Neubesetzung auf mich fiele. Daraufhin teilte man ihm mit, daß er mit mir keineswegs leicht auskommen würde, ich sei ‚difficile à vivre'. Ungeachtet dieser etwas harten Charakterisierung meiner Person wiederholte er seine Anregung und erklärte, er kenne mich gut genug, um ein solches Risiko einzugehen. Dennoch wurde an meiner Statt ein an Lebensalter und im Rang jüngerer Envoyé ernannt."

„Trotz der vielen Lücken fühlte ich mich unter den freundlichen Österreichern bald wieder heimisch und fand die Große Welt Wiens in den meisten Belangen kaum verändert. Allerdings, die wenigen Salons, wo man einst ‚in prima sera' erscheinen konnte wie in Italien, die existierten nicht mehr. Der einzige verbliebene war jener der verwitweten Fürstin Dietrichstein. An den meisten Abenden stand das noble Palais auf dem stillen alten Minoritenplatz bei der ernsten Kirche, die ihm den Namen gab – einer der wenigen charakteristischen Winkel, die noch von dem rasch verschwindenden Alt-Wien erhalten sind –, einer kleinen, sorgfältig gesiebten Coterie von Verwandten und intimen Freunden offen. Dort traf man gewöhnlich die beiden Schwestern der Hausherrin, die Fürstin Hatzfeld und die Gräfin Clam-Gallas, einen oder zwei vornehme Ausländer, einige Mitglieder der Familien Liechtenstein, Hoyos, Khevenhüller oder anderer berühmter Geschlechter. Insgesamt etwa ein halbes Dutzend Personen – aber der erlesenste Kreis Wiens – versammelten sich um einen großen blanken Tisch, dieser bildete den Mittelpunkt des Sanctums, welchem eine spöttische Außenwelt wegen seiner Unzugänglichkeit und seiner Atmosphäre des Erhabenen maliziös die Bezeichnung ‚Olymp' beilegte."

„Auratischer Bereich" der Geschichte

Dieser Salon, den auch Zeitgenossen Rumbolds in ihren Memoiren schildern, hatte damals, Ende der neunziger Jahre des vorigen Jahrhunderts, in der Tat eine Sonderstellung im Gesellschaftsleben und Kulturbild Wiens, bewahrte noch etwas von den Traditionen aus der Wiener Kongreßära, in der solche Treffpunkte mit ihrer Note des Privaten, des fast unmerklich an Regeln und Gepflogenheiten gebundenen Hauswesens, eine sehr wichtige Rolle spielten. So betrachtet, ist der, um mit Heimito v. Doderer zu sprechen, „auratische

Bereich“ der Stadtgegend des Minoritenplatzes historischer Boden: er schließt die Staatskanzlei auf dem Ballhausplatz, den Amtssitz Metternichs, ebenso ein wie die nahe Schenkenstraße, wo im nun nicht mehr existierenden Fürstlich Palmschen Haus Herzogin Wilhelmine von Sagan ihre Wohnung hatte und Gäste empfing. Die direkte Beziehung zwischen diesen beiden Szenerien und Milieus schuf die langjährige, wechselvoll halb elegisch und halb im Stil einer geistreichen Konversationskomödie verlaufende Freundschaft des Staatskanzlers zu der Herzogin.

Nur trat im Dietrichsteinschen „Olymp“ das politisch-diplomatische Moment zurück, das zur Kongreßzeit in solchen Salons, wenngleich hinter leichter, eleganter Geste des Beiläufigen und hingeworfenen Bonmots kaschiert, ziemlich ernst genommen wurde. Nun fehlte der konkrete Anlaß, die befristete internationale Versammlung von Staatsmännern mit der Aufgabe und dem Ziel, Übereinkünfte von großer Tragweite zu erreichen. Anno 1815 waren die privaten Assembleen günstige Nebenhandlungen der Haupt- und Staatsaktionen, boten den angenehm erweiterten Radius zur scheinbar en passant gepflegten Fortsetzung bedeutsamer Gespräche und zum Austausch vertraulicher Informationen. Jetzt lag ihr eigentlicher Sinn in der geistigen Begegnung, im regelmäßigen Kontakt eines Kreises, der zwar Exklusivität beobachtete, aber nicht dem Cliquenwesen verfiel. So war es nach den Zeugnissen „Eingeweihter“ selbstverständlich, auch Diplomaten wie Rumbold einzuladen, was in den Adelshäusern jener Epoche nicht allzu häufig vorkam.

Bezeichnend ist zudem das Faktum, daß diese Salons eine Domäne älterer, verwitweter Damen ware, die damit gesellschaftliche Zirkel beiderlei Geschlechts um sich schufen, während alleinstehende Herren in reiferen Jahren zumeist rein männlichen Umgang schätzten, wie z. B. der für die Kulturwelt des Wiener Großbürgertums archetypische Ludwig Lobmeyr.

Für Rumbold, den Briten und Wien-Freund, ergab sich im Kreis der Fürstin Aline Dietrichstein eine direkte österreichisch-englische Beziehung. Dazu muß hier ganz kurz in die etwas komplizierte Genealogie der Familie geleuchtet werden. Die Hausherrin war eine geborene und zugleich verwitwete Dietrichstein, da nach dem Aussterben des Mannesstammes mit dem Tod ihres Vaters Name und Titel auf ihren Gatten, Graf Alexander Mensdorff-Pouilly übergegangen waren. Ein Sohn des Paares, Albert Graf Mensdorff-Pouilly, wurde Diplomat. Lange Zeit wirkte er im Auswärtigen Dienst in London, zuletzt, bis 1914, als österreichisch-ungarischer Botschafter. Durch seine Großmutter, eine Prinzessin von Sachsen-Coburg, war er mit der britischen Dynastie eng verwandt, was ihm bei Hof, in Politikerkreisen und in der High-Society a priori eine schlechthin einmalige Mittlerposition sicherte.

Fast ein Volkstribun: Graf Apponyi

„Ein interessantes Ereignis im Palais Dietrichstein war die in der Hauskapelle mit großem Gepränge gefeierte Hochzeit der Tochter des Hauses, Comtesse Clotilde Mensdorff, mit Graf Albert Apponyi, sie fand bald nach unserer Ankunft statt. Der Bräutigam, schon damals intensiv mit der Politik seines Landes befaßt, spielt seither darin eine so prominente Rolle, daß seine Gestalt jedem bekannt ist, der mit einiger Aufmerksamkeit den schwer durchschaubaren, besorgniserregenden Verlauf der Entwicklungen in der Doppelmonarchie verfolgt."

„Später hatte ich Gelegenheit, Graf Apponyi in Pest näher kennenzulernen. Mit einer außerordentlich guten Erscheinung vereint diese aristokratische Führernatur – fast hätte ich ‚Volkstribun' geschrieben! – die seltenste Beherrschung der eigenen und fremder Sprachen. Nach allgemeiner Ansicht der eloquenteste Sprecher des ungarischen Parlaments, ist er befähigt, mit gleicher Geläufigkeit und gleicher Wirkung Reden vor einem deutschen, französischen oder englischen Auditorium zu halten. Leider könnten – diese Erwägung sei mir erlaubt – die Überzeugungen und Ziele, die er nun verficht, seine wunderbare Begabung zu einem Element der Gefahr für das von ihm geliebte Land machen, ganz zu schweigen von der Gesamtmonarchie, mit der es durch bereits gelockerte Bande verbunden ist. Denn die jüngsten Ereignisse in Ungarn zeigen nur allzu deutlich, daß die Partei, der Graf Apponyi nun das Prestige seines Names und die Magie seiner

Beredsamkeit leiht, den magyarischen Staat in eine Talfahrt treibt, auf der er nur in die Vernichtung abgleiten und das große mitteleuropäisch Reich mit sich reißen kann."

Mit solchen Prophezeiungen bezieht sich Rumbold auf die nationalmagyarische Kulturpolitik, die Apponyi 1906–1910 als ungarischer Kultusminister betrieb, zum Nachteil der anderen Völker des Königreichs Ungarn: Kroaten, Slowaken, Siebenbürger Sachsen, Banater Schwaben und Rumänen. 1920 leitete der Graf die ungarische Delegation bei den Friedensverhandlungen mit der Entente in Paris-Trianon, später war er Repräsentant seiner durch die von den ungarischen Nationalisten als Schmach empfundenen Gebietsabtrennungen wesentlich verkleinerten Heimat beim Völkerbund in Genf, wo er 1933 siebenundachtzigjährig starb.

Bei den Metternichs

„Die Villa Metternich an der Ecke des Rennwegs, ganz nahe bei unserer Botschaft, fand ich von Fürst Paul, dem Halbbruder des verstorbenen Fürsten (Richard) bewohnt. Im Salon präsidierte die hübsche Fürstin Melanie, und ihrer reizenden ungezwungenen Tochter zu begegnen, war immer eine reine Freude, besonders für jemanden mit musikalischen Neigungen. Die junge Prinzessin Pauline – oder ‚Titi' wie sie in einer Gesellschaft mit der Vorliebe für Kosenamen und Abkürzungen allgemein genannt wurde – spielte recht geläufig Geige, und bereichert durch die ‚tours de force' Alfred Grünfelds, eines Pianisten von unvergleichlichem Brio, und die angenehme Mezzosopranstimme einer sehr attraktiven Baronin Bach – einer angeheirateten Nichte des Ministerpräsidenten, der während der fünfziger Jahre das Reich mit eiserner Strenge regiert hatte – waren die musikalischen Abende in der Villa wunderschön."

„Im Haus wurden auch einige sehr interessante Erinnerungsstücke aus den Zeiten des Staatskanzlers aufbewahrt. Einzigartig unter ihnen war der kostbare Schreibtisch aus dem Besitz Choiseuls, des Ministers Ludwigs XV. und Vertrauten der Madame de Pompadour, ein Meisterwerk der alten französischen Möbelkunst."

Die Provenienz dieses Objektes ist tatsächlich bemerkenswert. Den Louis-Quinze-Schreibtisch aus dem Nachlaß des Herzogs von Choiseul erwarb Herzog Peter von Kurland, dann benützte ihn dessen Tochter, die erwähnte Herzogin Wilhelmine von Sagan. Nach ihrem Tod ersteigerte Fürstin Melanie Metternich das Stück als Geschenk für ihren Gatten, sozusagen ein „Souvenir sentimental“, hatte Wilhelmine, ein problematisches, übersensibles, von widerstreitenden Gefühlen schier verstörtes Geschöpf, doch einst viele ihrer Briefe an Metternich auf dieser Tischplatte geschrieben . . .

„Es gab einen Raum, zur Gänze mit dem schönsten alten Mahagoni vertäfelt, aus einer Anzahl riesiger Stämme gesägt, die erst kürzlich in einem Speicher entdeckt wurden, wo sie vergessen lagerten, seit sie nach der Unterzeichnung eines Vertrages mit irgendeiner kleinen transatlantischen Republik als Geschenk an den Staatskanzler geliefert worden waren.“

Das Porträt der Sylphide

„Der interessanteste Schatz aber war ein von Sir Thomas Lawrence gemaltes Bildnis einer Tochter des Fürsten. Damit ist eine romantische Geschichte verknüpft. Lawrence kam ein oder zwei Jahre nach dem Kongreß nach Wien, und als der gefragteste Porträtmaler seiner Zeit war er ein freundlichst begrüßter Gast des großen Staatsmannes, den er bereits früher in London und in Aix-la-Chapelle porträtiert hatte. Eines Tages erschien der Künstler sichtlich bewegt in der Staatskanzlei am Ballhausplatz, damals Metternichs Amtssitz. Seit einiger Zeit trage er sich mit dem Gedanken zu einem Bild der Hebe, sagte der Engländer dem Fürsten, aber bisher habe er vergeblich nach einem geeigneten Modell gesucht. Und nun, an jenem Vormittag, habe er in den Straßen der Stadt ein schönes junges Mädchen erblickt, in Begleitung einer Gouvernante oder Duenna und offenbar den höchten Kreisen zugehörig, Zug um Zug der Inbegriff der jungen Göttin, wie er, Lawrence, sie sich vorstelle. Er war ihr gefolgt, bis sie im Garten einer Villa entschwand, außerhalb des Glacis, in der Vorstadt Landstraße. Wäre es möglich, so fragte er den Kanzler, diese zauberhafte Verkörperung seiner Träume aus-

Prinzessin Clementine Metternich, die jung verstorbene Tochter des Staatskanzlers, von dem Meisterporträtisten Sir Thomas Lawrence gemalt

findig zu machen? Just während dieses Gesprächs betrat die Göttliche, nach der er suchte, das Zimmer – ihres Vaters. Das Ergebnis war das vielleicht lieblichste Bildnis, das der Mann malte, dem die berühmtesten Schönheiten der Epoche Modell saßen. Die arme Hebe starb ziemlich früh, fast noch im Kindesalter, es blieb nur der Eindruck ihrer Anmut und Grazie, den die Leinwand bewahrt, zur Erinnerung an die kurze Zeitspanne ihres Triumphs."

Es handelte sich um Metternichs 1804 geborene zweite Tochter Clementine, wegen ihres sylphidenhaften Zaubers in Wien bewundert. Sir Thomas Lawrence begann die Arbeit an dem mythologisierten Porträt im Sommer 1819. Doch schon im Mai 1820 erlag Clementine dem Leiden jenes Zeitalters, der Tuberkulose. So ereigneten sich auf dem Lebensweg des gefeierten Staatskanzlers mehrmals lyrische Frauenschicksale in Moll.

Ein Witwensitz im Stil der Belle Epoque

„Das bedeutendste Mitglied der Familie Metternich war noch immer Fürstin Pauline, die Witwe nach Fürst Richard. Die Macht der Jahre hatte keineswegs ihre gesellschaftliche Aktivität gemindert, geschweige denn ihrem originellen Wesen und brillanten Einfallsreichtum Eintrag getan. Sie war im weitesten Sinn zur populärsten der ‚grandes dames' Wiens geworden. Ihre meiste Zeit und größte Aufmerksamkeit widmete sie der Förderung wohltätiger und künstlerischer Vorhaben. Nach dem Tod ihres Gatten hatte sie sich in einer der neuen Straßen beim Botanischen Garten ein entzückendes ‚petit hôtel' pariserischen Gepräges erbaut und erlesen eingerichtet. Gemeinsam mit ihrer unverheirateten Tochter, der sanften Prinzessin Clementine – dem Ebenbild des ruhigen, liebenswürdigen Richard – unterhielt sie dort ihre Freunde ‚en petit comité' mit ihrem unerschöpflichen Schatz an Humor, in derselben absonderlichen, nicht selten paradoxen Art, die Dinge zu betrachten, die sie schon von Jugend an zur denkbar besten Gesellschafterin gemacht hatte."

Dem Stil der Fassade nach ein in die wienerische Umgebung versetztes Stück Belle Epoque war dieses kleine Palais, das Fürstin Metternich von den Pariser Architekten Armand Bauqué und Albert Pio im 3. Bezirk, in der Jacquingasse Nr. 39, errichten ließ und inmitten vieler Erinnerungsstücke aus ihrem wechselvollem Leben bewohnte, als ein Reservat der europäischen Großen Welt des 19. Jahrhunderts. 1921 starb die nachmals in Romanen und Wiener Filmen oft heraufbeschworene alte Dame, die sich in die Popularität bei der Bevölkerung als „stehende Figur" mit Frau Anna Sacher geteilt hatte, Dezennien hindurch überlegene Strategin gesellschaftlicher Veranstaltungen mit Sinn und Zweck, nach eigener Initiative, in diesem Regieführen gewissermaßen eine weibliche Kreuzung aus Radetzky und Max Reinhardt. Auch der Bau selbst existiert leider nicht mehr. Bomben des Zweiten Weltkriegs beschädigten ihn so schwer, daß die Ruine geschleift werden mußte.

Der mysteriöse Beduine

„Eine von Fürstin Metternichs besten Freundinnen, Fürstin Rosa Croy, geborene Comtesse Sternberg, war auch eine der liebenswürdigsten Gastgeberinnen in ihrem reizenden Haus in der Schönburgstraße. Ich entsinne mich eines sehr lustigen Faschingsfestes bei ihr, einer ‚soirée à têtes', zu der alle Gäste mit Ausnahme eines oder zweier bejahrter hoher Würdenträger entweder in Kostümen erschienen oder mit so vermummten Köpfen und geschminkten Gesichtern, daß man sie nicht erkannte. Erzherzog Ludwig Victor war ‚en rastaquouère' verkleidet, Graf Heinrich Larisch hatte sich erstaunlich echt als Svengali aus ‚Trilby' ausstaffiert (nach der Hauptgestalt eines damals vielgelesenen Romans des englischen Autors George Du Maurier)."

„Der Clou des Abends war aber ein kleiner alter Beduinenscheich mit tiefbrauner Haut und struppigem Schnurrbart, in fleckigem weißen Burnus und Turban. Zunächst gelang es niemandem, sein Geheimnis zu entschleiern. Die Täuschung wurde noch vollkommener, als man am Schluß des Festes den Mann aus der Wüste auf der Treppe sitzen sah, in Ermangelung eines Tschibuks eine große Zigarre rauchend – ein Laster, dem sehr viele Wiener Damen frönen. So wartete ‚er' auf den Wagen der – Fürstin Clary, einer der klügsten, charmantesten Frauen der Kaiserstadt!"

Im Palais Rothschild

„Ganz neu waren mir die prunkenden Häuser, die Baron Albert und Baron Nathaniel Rothschild vor kurzem auf der Wieden errichtet hatten. Dorthin waren sie übersiedelt, aus dem Familiensitz in der Renngasse mitten im Herzen des alten Wien, wo ich früher oft Gast ihres Vaters, des Barons Anselm, gewesen war und wo sich nun die Büros des großen Bankhauses befanden. Baron Alberts wunderschönes Heim in der Heugasse war, wie alle Rothschild-Häuser, voller Kunstschätze. Seit dem Tod seiner Frau, Baronin Bettina – aus der Pariser Linie der Familie, nach einhelligen Schilderungen eine überaus sympathische Dame, die während ihrer kurzen Ehe

Das feudale Palais Rothschild in der Prinz-Eugen-Straße (damals Heugasse), nach schweren Bombenschäden des II. Weltkriegs abgetragen

viele Herzen gewonnen hatte, allgemein beliebt war und tief betrauert wurde – stand es selten Gästen offen. Aber ein Galadiner in einem Saal, dessen Vertäfelung zur Gänze aus einem französischen Schloß des 18. Jahrhunderts stammte, bleibt mir als eines der köstlichsten Feste, denen ich je beiwohnte, lebhaft im Gedächtnis."

Als „enklavische" Architektur war das Palais Rothschild an der Ecke der Prinz-Eugen-Straße (wie die Heugasse seit 1911 heißt) und der Plösslgasse ein Pendant zum Palais der Fürstin Metternich. Aber größer und aufwendiger, nach Vorbildern der französischen Hochrenaissance gestaltet. Bei der Ausstattung der Interieurs wurden kostbare Originalwerke der europäischen Kunst eingefügt, so z. B. Deckengemälde des genialen Venezianers Gianbattista Tiepolo. Dieses „Hôtel entre court ej jardin" der Finanzdynastie, als Bauschöpfung des Historismus in seiner Art einmalig auf Wiener Boden, erlitt das gleiche Schicksal wie das Metternichsche Haus in der

Jacquingasse. Volltreffer von Bomben machten die weitere Erhaltung unmöglich, nach der Demolierung wurde auf dem Areal das Gebäude der Kammer für Arbeiter und Angestellte errichtet. Gerettete Bauplastiken erwarb ein Privatmann für seinen Besitz im südlichen Wienerwald, wo sie seither im Park aufgestellt sind.

„Das ‚beau idéal' von Luxus und Wohnlichkeit, in schöner Lage und mit Kunstschätzen ausgeschmückt, war auch das Haus von Nathaniel oder ‚Natti' Rothschild, der sich aus dem Berufsleben zurückgezogen hatte, um seine Zeit den Künsten und der Wohltätigkeit zu widmen. Auf letzterem Gebiet erwies er sich äußerst großzügig. Die Summen, die er für Spitäler und andere guten Zwecke aufwendete, waren enorm – und dies in einer Stadt, in der jüngst sich ein so bedrohlicher Geist gegen seine Glaubensgenossen erhob. Nichts konnte erfreulicher sein als die kleinen Herrentreffen in seinem Haus in der Theresianumgasse, wo man – ganz anders als in den alten Zeiten, deren ich mich entsinne – einigen wenigen Auserwählten aus den hervorragendsten intelligentesten Kreisen Wiens begegnete und nach dem Diner den musikalischen Darbietungen eines kleinen, in seiner Art vollkommenen privaten Streichorchesters zuhörte."

Zwei Kaiser auf dem Paradefeld

Bald danach war Rumbold zur traditionellen großen Frühjahrsparade auf der Schmelz eingeladen, damals noch eine weite freie Ebene zwischen dem alten Vorort Breitensee und dem 16. Bezirk Ottakring, an den Rändern von Kasernenbauten gesäumt. Eine Soldatenlandschaft, in der seit der Verbauung des früher als Paradeterrain dienenden Josefstädter Glacis einmal jährlich die Regimenter des Wiener Armeekorps vor ihrem Allerhöchsten Kriegsherrn defilierten. Nun sah Sir Horace in der Praxis, warum der Leibjäger, der jedem hohen ausländischen Diplomaten zugeteilt war und jeweils neben dem Kutscher auf dem Bock saß, einen Zweispitz mit flatterndem weißem Federbusch trug: nicht nur, weil dies dekorativ wirkte, sondern vor allem als „Verkehrszeichen" – damit die Wachleute im Gedränge der Auffahrt Platz schufen, wenn sie

Kaiser Wilhelm II. als Oberstinhaber des k. u. k. 7. Husarenregiments bei der Frühjahrsparade 1897 auf der Schmelz

diesen signalhaften Hutschmuck erblickten, und den so als offiziell ausgewiesenen Wagen prompt passieren ließen.

Ehrengast der Truppenschau des Jahres 1897 war der junge Kaiser Wilhelm II., der sich infolge irgendeines peinlichen Mißverständnisses um etwa eine halbe Stunde verspätete, was den überpünktlichen Kaiser Franz Joseph gewiß konsternierte. Als Inhaber des k. u. k. 7. Husarenregiments trug der Hohenzoller dessen Uniform, die seiner Vorliebe für das pittoreske, eindrucksvolle militärische Kostüm entsprach: zur leuchtend roten Reithose mit dem goldenen „Sujtás" die hellblaue Attila. Offenbar hatte S. M. ad personam eine besonders ätherische Nuance gewählt, denn Rumbolds Impressionistenauge nahm sie von seinem Ehrenplatz aus im flimmernden Sonnenlicht als weiß wahr.

„Die glanzvolle vielfarbige Reiterschar bewegte sich diagonal über das Feld. Kaiser Franz Joseph, mit der Figur eines Dreißigjährigen und einer Haltung im Sattel, um die ihn die jüngsten, schneidigsten Offiziere beneiden könnten, ritt einige Meter voraus, zu seiner Rechten den hohen Gast, der in einer Husarenuniform mit hinderlicher Pelzattila nicht sehr vorteilhaft wirkte, das umgehängte Kleidungsstück ließ ihn, der als guter Reiter bekannt ist, etwas ungeschlacht erscheinen. Ein deutlicher Kontrast zwischen den beiden Monarchen war nicht zu übersehen. Die prächtige Kavalkade – Fürsten, Generalität und Dutzende Adjutanten, dazu zahlreiche ausländische Militärattachés, unter denen mein Freund Wardrop durch sein britisches Scharlachrot besonders auffiel – bot ein wunderbares, leuchtendes Bild."

„Sobald der äußerste Punkt des rechten Flügels der Treffen erreicht war, stimmte eine Musikkapelle nach der anderen die Volkshymne an, und eine lange genaue Besichtigung der angetretenen Truppen fand statt. Das zügige, elastische Ausschreiten und die tadellose Adjustierung der Infanterie mußte auch einen Zivilisten beeindrucken und kontrastierte seltsam zu dem gezwungenen Stelzen, einer kürzlich aus Berlin übernommenen Form des Parademarsches (gemeint ist der österreichische „Stechschritt"), in den die Regimenter bei der Defilierung vor dem Kaiser fielen. Manche meiner alten Freunde aus dem österreichischen Militär schüttelten nur mißbilligend die Köpfe. Besonders kraß war die Unnatur bemerkbar, als die strammen Kaiserjäger zu den Klängen des Andreas-Hofer-Marsches flott herankamen und dann wenige Meter vor dem Herrscher plötzlich zu den erwähnten verkrampften, gekünstelten Bewegungen übergingen. Sehr gut wirkten die bosnischen Bataillone mit rotem Fez. Doch die glänzendste Erscheinung von allen war wohl Erzherzog Otto an der Spitze seines Ulanenregiments, ein wahrer Paladin und der eleganteste Kavallerieoffizier der ganzen Armee. Es war im Gesamten ein sehr schöner Anblick, und die Parade interessierte mich umsomehr, da ich seit dem Tag, an welchem dem Sieger von Custozza und Novara (Radetzky) die letzte Ehre erwiesen wurde, keine große österreichische Truppenmacht gesehen hatte. Viele Jahre lagen dazwischen und damit auch die traurigen Erinnerungen an Sadowa."

Sir Horace spielt hier auf die Schlacht bei Königgrätz an. Sadowa, der Name eines Nachbarortes im Kampfraum von 1866, wurde in England und Frankreich deshalb gebräuchlich, weil das Wort Königgrätz für Fremdsprachige zu wenig eingängig ist.

„Der Besuch des deutschen Kaisers verlief durchaus zufriedenstellend. Zweifellos sollte dieser Aufenthalt, de facto am Vorabend der Abreise Kaiser Franz Josephs nach St. Petersburg, den unverbrüchlichen Bestand des Bündnisses zwischen der Doppelmonarchie und dem Deutschen Reich dokumentierten. Gewisse germanophile Zeitungen Wiens sahen in einer solchen Geste sogar mehr und erklärten, daß eine Erneuerung des alten Drei-Kaiser-Bundes bevorstehe, und von nun an würden die Westmächte in allen Fragen, die das ‚Europäische Konzert' und im besonderen die bedingungslose Anerkennung der territorialen Unantastbarkeit des Osmanischen Reiches betreffen, mit dem ganzen Gewicht der drei verbrüderten Kaiserreiche rechnen müssen. Dieses Vorspiel einer neuen ‚Heiligen Allianz' zu dem Zweck, den Großtürken zu stützen, war in seiner Art ein Kuriosum."

Kreta-Konflikt: die Großmächte greifen ein.

„Nüchtern und ernst betrachtet, gab es bei dieser Begegnung zwischen den Herrschern ein ganzes Paket von Beratungsthemen. Auf die armenischen Unruhen waren die kretischen und griechischen Verwicklungen gefolgt. Die Verhältnisse auf Kreta gaben den Großmächten seit einigen Monaten Grund zur Besorgnis. Pläne für eine Reform zur Beseitigung der Mißstände auf der Insel waren in Konstantinopel lange zwischen der Hohen Pforte und den Botschaften erörtert worden, und unter erheblichem Druck hatte man den Sultan so weit gebracht, der Ernennung eines christlichen Gouverneurs und einer Erneuerung des alten Halepa-Paktes, der früher der christlichen Bevölkerungsfraktion gewisse Garantien geboten hatte, seine Zustimmung zu erteilen. Die dem Sultan abgerungenen Zusicherungen wurden allerdings nur sehr unvollkommen realisiert. Nach wie vor blieb es bei einem latenten Kriegszustand zwischen den verstreuten Garnisonen und den Insurgentenbanden, die Waffen und Verstärkungen aus Griechenland erhielten, durch das Kretische Komitee und die mächtige Geheimorganisation ‚Ethnike Hetairia'. Das wirksamste Mittel zur Befriedung der Insel wäre eine dichtmaschige Blockade der Küsten gewesen, und diese Maßnahme, zu der sich der Großmächte später gezwungen sahen, hatte Graf Goluchowski entschieden verfochten. Dies sei hier gesagt, um ihm Gerechtigkeit widerfahren zu lassen."

„Doch bald beschleunigte die unkluge Aktion im Februar 1897 die Dinge: die griechische Regierung entsandte eine Torpedoboot-Flotille unter Prinz Georg und ein Expeditionskorps, das General Vassos kommandierte. Im Interesse des allgemeinen Friedens in der Levante und darüber hinaus in Europa waren die Großmächte genötigt, zu intervenieren. Das Vorgehen der Griechen war eine fast deckungsgleiche Wiederholung einer schon etwa zehn Jahre früher angewandten Strategie, nur mit dem Unterschied, daß sie nun den vergeblichen Versuch unternahmen, durch den Einsatz der Vassos-Truppen ein Fait accompli zu schaffen."

„Rasch zeigten sich unter den Großmächten deutliche Differenzen der Auffassung über den Modus des Verhaltens gegenüber den widerspenstigen Hellenen. Sollte Griechenland, wie bereits vordem unter fast genau gleichartigen Umständen, energisch zur Räson gebracht werden oder sollte man es Athen überlassen, die Konsequenzen der gefährlichen Aktion zu tragen? Letztere Ansicht gewann schließlich das Übergewicht. Der von den nordeuropäischen Staaten – allen voran Deutschland – propagierte Plan einer Blockade der Küstengebiete des Königreichs wurde gestrichen, und zwar infolge unserer Opposition, denn ohne England konnte es keine Blockade geben. Aber die Gewässer um Kreta wurden durch eine internationale Flotteneskader streng überwacht. Auf unsere, die britische Initiative hin wurde die Basis für eine Autonomie Kretas geschaffen, und nach langen Erörterungen kamen die Großmächte überein, zur Besetzung der Insel militärische Kontingente zu entsenden."

Diese Schlichtungs- und Sicherungsmission, ähnlich wie später auf dem albanischen Territorium von Skutari, war also eine Vorform der heutigen UN-Einsätze. Österreich-Ungarn detachierte das II. Bataillon des südsteirischen Infanterieregiments Nr. 87 aus Cilli, das, für den Dienst in südlichen Breiten mit sonst völlig ungewohnten Tropenhelmen und weißen Sondermonturen ausgestattet, bis 1898 auf Kreta verblieb. Eine mittlerweile so gut wie vergessene Episode der österreichischen Militärgeschichte.

„Indessen hatte die Hohe Pforte umfassende Vorbereitungen getroffen und eine drohende Haltung angenommen. In Athen kam es zu einem Vermittlungsversuch mit dem Ziel, den Kriegsausbruch zu verhindern. Aber der unerläßlichen Bedingung einer Rückberufung des Generals Vassos setzte die griechische Regierung ein starres Nein entgegen. Erst im Mai, nach den katastrophalen Niederlagen in den Kämpfen und auf die Andeutung hin, daß nichts getan würde, um einen türkischen Vorstoß in Richtung Athen zu vereiteln, erging an das unglückselige Expeditionskorps der Befehl, seine unhaltbaren Stellungen zu räumen."

„Auf die militärischen Operationen folgten langwierige Verhandlungen über die Sicherung der Ordnung auf Kreta und die Wahl des künftigen Staatsoberhauptes. Es wäre vielleicht nicht ohne anekdotischen Reiz, eine Liste der zahlreichen Kandidaten anzulegen, die für dieses Amt vorgeschlagen und aus Rücksicht auf die ‚neuralgischen Punkte' der einen oder anderen Großmacht wieder gestrichen wurden, ehe Prinz Georg von Griechenland das Mandat erhielt. Im Hinblick auf einen von ihnen, den mir aus Bern bekannten, inzwischen verstorbenen Monsieur Droz, war ich versucht, in einer meiner Depeschen eine kleine ironische Pointe zu setzen – was nach den Auffassungen des Londoner Außenamtes immer ein verabscheuungswürdiger Frevel ist. Ich schrieb über Droz, einen bewährten Schweizer Bundesrat, dessen Praxis als tüchtiger Administrator im bestgeordneten Gemeinwesen ihn dennoch kaum als geeignet erscheinen ließ, mit einer eben erst der türkischen Sklaverei entronnenen turbulenten, gesetzlosen Bevölkerung zu verfahren, im Land des Gesetzgebers Minos wäre seine wichtigste Qualifikation wohl, daß er den Vornamen Numa trage."

Numa Pompilius, ein sagenhafter König Roms im 7. Jahrhundert v. Chr., wurde als weiser Friedensfürst und Wahrer der Ordnung gerühmt, seine Entscheidungen schrieb man den guten Ratschlägen der seither sprichwörtlich gewordenen Waldnymphe Egeria zu. Ob sie sich um so vieles später auch des trefflichen Monsieur Numa Droz mit segensreichen Erleuchtungen angenommen hätte . . .?

5.
Rund um das Jubiläum der Königin (1897–1898)

Im Diplomatischen Corps, auf den exterritorialen „Inseln“ Wiens, fand Rumbold in den ersten Monaten des Jahres 1897 gute oder zumindest aufschlußreiche Kontakte. Besondere menschliche Sympathien und berufliche Hochachtung brachte er dem italienischen Botschafter entgegen, der schon geschichtlich gewordene europäische Politik mehrerer Dezennien verkörperte.

„Die interessanteste Persönlichkeit unter meinen Kollegen war Conte Nigra. Er war nicht nur unser Doyen, sondern durfte auch von sich sagen, er sei der älteste aller Geschäftsträger, die damals an den großen Herrscherhöfen wirkten. Als bevorzugter Adept Cavours hatte er sich fast ein halbes Jahrhundert lang aktiv an allen politischen Wandlungsprozessen des Landes beteiligt, das sich zu seinen Zeiten aus dem kleinen, energischen Piemont zu einem geeinten, aufstrebenden Italien entwickelte. Mit unvergleichlicher politischer Erfahrung verband er außerordentliches Taktgefühl und ein seltenes Verständnis für die Menschen, mit denen er in Berührung kam. Aus St. Petersburg und London war er nach Wien versetzt worden, wo er die zwischenstaatlichen Beziehungen erheblich verbesserte. Ihm gelang es, kritische Situationen zu entschärfen, die sich allzu leicht aus den Zielsetzungen der Irredenta-Bewegung, den spannungsreichen territorialen Verhältnissen an der Adria oder der Frage von Einflußsphären auf der Balkanhalbinsel ergaben.“

„Der italienische Botschafter weilte nun bereits zwölf Jahre in Wien und genoß gleichermaßen das volle Vertrauen seines eigenen Souveräns und des Monarchen, bei dem er akkreditiert war. Die Glanzzeit seines Lebens war natürlich, als er, noch ein ziemlich junger Mann, von Cavour für den heiklen Posten des sardinisch-piemontesischen Geschäftsträgers am französischen Kaiserhof ausersehen wurde. In den Tuilerien erwarb er sich besondere Beliebtheit, und noch im hohen

Alter bewahrte er deutliche Züge seiner guten Erscheinung, die ihm in Paris sehr zustatten gekommen war. Ich fand in Conte Nigra einen freundlichen, zuverlässigen Kollegen, aus dessen klugen Ratschlägen ich oft Nutzen zog. Er hatte das Palais Pálffy am Josefsplatz gemietet, von dort übersiedelte er schließlich nach Rom, in eine sonnige Heimstätte mit dem Ausblick auf den Monte Pincio.

Ein Vertrauter des Königs von Serbien

„In der Französischen Botschaft im prächtigen Palais Lobkowitz lernte ich Monsieur Lozé kennen, den ehemaligen Pariser Polizeipräfekten, einen höflichen, fähigen Mann, der bald aus der Diplomatie in den Senat wechselte. In meiner Erinnerung figuriert er als Vertrauter des mittlerweile verstorbenen Königs Milan von Serbien, mit dem ihn Freundschaft verband, seit der Zeit, als er für die Sicherheit in der französischen Metropole sorgte und dem abgedankten Monarchen in einer schwierigen Lage gute Dienste erwies. Bei seinen häufigen Inkognito-Aufenthalten in Wien versäumte es König Milan nie, der Französischen Botschaft einen Besuch abzustatten."

„Monsieur Lozé, der eine hohe Meinung von den Fähigkeiten des Herrschers hatte, teilte mir viel Wisenswertes über dessen Anschauungen und Pläne mit. Bitter bereute Milan seine Abdankung und fürchtete für seinen schwächlichen, unerfahrenen Sohn (König Alexander), an dem er sehr hing. Er wäre auch bereit gewesen, hätte er länger gelebt, wieder eine aktive Rolle in Serbien als Machtfaktor hinter dem Thron zu übernehmen. Bei diesem Plan konnte er auf die Armee zählen, in der er sehr beliebt war, und wäre er nicht zu früh gestorben, dann wäre der Welt wahrscheinlich der abscheulichste Königsmord unserer Zeit erspart geblieben."

Exkönig Milan aus dem Haus Obrenović lebte seit 1900 ständig in Wien, wo er am 11. Februar 1901 in seinem Domizil in der Johannesgasste starb. Vor der Überführung des Leichnams in die Begräbnisstätte, ein slawonisches Kloster, ordnete Kaiser Franz Joseph eine Trauerfreier mit allen militärischen Ehren an, zu der er persönlich erschien, um sich von dem

Toten zu verabschieden.„Er war stets mein Freund und ich werde bis zu meinem Lebensende der seinige bleiben“, sagte der Monarch zum k. u. k. Außenminister Graf Goluchowski. Mit Milans Tod schwand auch die Hoffnung auf eine weiterhin konsequent proösterreichische Politik Serbiens. Zwar bemühte sich König Alexander um das bewährte gute Verhältnis zu Wien, doch fehlte ihm völlig das Durchsetzungsvermögen gegenüber den Protagonisten eines rußlandfreundlichen Kurses und deren rasch wachsender Anhängerschaft.

Impulsgeber dieser Entwicklung war das seit den Zeiten der alten Sippenfehden mit den Obrenović rivalisierende Geschlecht der Karageorgević. Verschwörer aus dem Offizierskorps der serbischen Armee schritten zur radikalsten Tat. Während der Nacht vom 10. auf den 11. Juni 1903 wurden Alexander, wahrhaftig ein König von der traurigen Gestalt, und seine Gemahlin, die skandalumwitterte ehemalige Hofdame Draga Mašin, im Belgrader Konak barbarisch abgeschlachtet. Ein Königsmord als ‚cause célèbre‘ der Jahrhundertwende. Als Nachfolger des Getöteten bestieg Peter I. Karageorgević den Thron. Damit schwenkte Serbien ins Lager Rußlands ein, schicksalhaft bahnten sich die Ereignisse an, die aus dem Knaben Gavrilo Princip schließlich den Attentäter des 28. Juni 1914 machen sollten.

Graf zu Eulenburg, der interessante Mann

Deutscher Botschafter und Rumbolds Nachbar von gegenüber, im Diplomatenpalais Metternichgasse 3, war Philipp Graf (später Fürst) zu Eulenburg, ein gebildeter, sehr musischer Kavalier, der Typ des „interessanten Mannes“ jener Epoche. Keine romantische, wohl aber eine romangerechte Figur, nachmals in einen aufsehenerregenden, weite Kreise ziehenden und nie restlos aufgeklärten Homosexuellen-Skandal verwickelt, Komponist der einst gepriesenen und vielgespielten „Rosenlieder“ und Intimus Wilhelms II., der – wir schreiben erst das Fin de siècle! – mit seinem Wiener Geschäftsträger von Berlin aus lange Telefongespräche zu führen pflegte. Dazu Sir Horace:

„Ich war sehr häufig mit dem Grafen zu Eulenburg zusam-

Der deutsche Botschafter Philipp Graf zu Eulenberg, Schöngeist voll „nordischer List“

men, und mehr als einmal während unserer Konversation wurde er plötzlich ‚von höchster Stelle‘ angerufen. Er konnte ein sehr angenehmer Gesprächspartner sein und diente gesellschaftlich und, wie ich glaube, auch politisch seinem Vaterland auf einem äußerst heiklen Posten mit viel Takt und großen Fähigkeiten. Gemeinsam mit seiner Gattin, einer liebenswürdigen Dame, gebürtiger Schwedin, und den klugen, heiteren Töchtern machte er sein hochelegantes Botschaftsgebäude zu einem Mittelpunkt gastfreundlicher Beziehungen.“

„Allerdings habe ich den Eindruck, daß er sich bei den ‚Bierabenden‘, zu denen er einmal wöchentlich Künstler und Schriftsteller von Rang sowie Reichsratsabgeordnete einlud, etwas zu sehr exponierte. Diese sicherlich interesssanten, zwanglosen Herrentreffen boten Mißgünstigen den Anlaß zu der Behauptung, die Deutsche Botschaft sei ein Sammelbekken für Unzufriedene, die sich zurückgesetzt wähnten und pangermanistische Tendenzen hegten. Dennoch wurde ihm das Großkreuz des Stefansordens verliehen – eine hohe Auszeichnung, die er, wie man sagte, dem Geschick verdankte, mit dem er die peinliche Verstimmung in Wien nach der Aufdeckung von Bismarcks Rückversicherungsvertrag mit Rußland elegant bereinigte."

Zu Franz Josephs negativen Charakterzügen zählte gewiß nicht die Doppelzüngigkeit, die rasche, ja skrupellose opportune Anpassung. In seiner bis zum Starrsinn geradlinigen Art witterte er bei Eulenburg so etwas wie „nordische List", das Merkurische an dem Botschafter seines Bündnispartners weckte in ihm die instinktive Wachsamkeit des alten Jägers, wenn er sich auf unsicheres Terrain wagt. So schrieb er an Katharina Schratt: „Daß Sie Graf Eulenburg dreimal gesehen haben, ist nach meinem Geschmack zu oft." Der Kaiser war besorgt, der hellhörige Botschafter könnnte gewisse Äußerungen der Gnädigen Frau anders als beabsichtigt auslegen und in seiner, mißverständlichen, Lesart nach Berlin weitergeben. Die ihm sakrosankten Regeln der Diskretion durchbrechend, erklärte der Monarch in einem Gespräch: „Der Fürst ist mir unheimlich, ich traue ihm nicht. Er gibt sich so süßlich, so schmiegsam, man hat bei ihm stets das Gefühl der Unaufrichtigkeit. Als Diplomat mag er auf seinem Platz sein, ich befürchte nur, daß Kaiser Wilhelm mit ihm noch schlimme Erfahrungen macht."

Womit der lebenskluge alte Herr letztlich recht behielt, denn der sensationelle „Fall Eulenburg" brachte auch den Hohenzollern in eine zwielichtige Situation, aus der er sich durch eine wenig faire Preisgabe seines Günstlings zu befreien suchte.

Die Matriarchin und der Patriarch

Für das Britische Empire standen diese Monate im Zeichen der Vorbereitungen für das Diamantene Regierungsjubiläum der Monarchin. Nach dem Tod des deutschen Kaisers Wilhelm I. im März 1888 waren Königin Victoria und Kaiser Franz Joseph die an Lebens- und Regierungsjahren ältesten Herrscherpersönlichkeiten Europas, mehr noch: sie waren zu

Jubilarin Königin Victoria,
„ein Idol von kleiner, gedrungener Gestalt"

den Symbolfiguren geworden, mit denen man die Reiche dieser beiden gekrönten Häupter in ihrer Gesamtheit identifizierte. Die bereits Generationen umspannende Ära der Queen und des Habsburgers trug so selbstverständlich deren individuelles Gepräge und das Signum unerschütterlicher Dauer, daß z. B. manche protokollarische und zeremonielle Einzelheiten, die bei einem Thronwechsel zu beachten waren, in Wien wie in London schier in Vergessenheit geraten waren, in den Archiven nachgelesen werden mußten, weil sich bei Hof niemand mehr aus eigener Erfahrung daran erinnern konnte. (Dies warf nach Victorias Tod und bei der Inthronisation ihres Sohnes als König Eduard VII. heikle Fragen auf und bereitete einige Verlegenheiten.)

Gemeinsam war beiden Gestalten, der Matriarchin und dem Patriarchen, nicht nur die Langlebigkeit, sondern auch die enorme Pflichttreue und die Fähigkeit, tagtäglich ein großes Arbeitspensum an Regierungsgeschäften zu bewältigen. Wiewohl sie sich im Modus und in der Lebensführung erheblich voneinander unterschieden. War der Kaiser von Österreich und Apostolische König von Ungarn in einer persönlichen Schlichtheit, die keines großen Aufwands bedurfte, vielmehr fest in dem Bewußtsein der höchsten Würde ruhte, der erste Aristokrat seines Reiches, der keinen Zoll von den für ihn unantastbaren Gesetzen des Adels und der Ebenbürtigkeit abwich (was wenige Jahre später bei der Eheschließung des Thronfolgers mit Gräfin Chotek scharf zutage trat), so fühlte sich die alte Königin selbst am engsten der englischen „upper middle class“ verbunden. Einer Gesellschaftsschicht, welche das spezifisch „Victorianische“ in Maximen und Anschauungen denn auch am deutlichsten verkörperte. In ihrem Verhältnis zu dem als entscheidende Kraft der Epoche erkannten und respektierten Bürgertum ähnelte Victoria – „ihr gesunder Menschenverstand ging ins Geniale“ – zwei viel jüngeren „verhinderten“ Dynasten, die nur Fragmente ihres Wollens hinterließen: ihrem eigenen Schwiegersohn Friedrich III., dem deutschen Kaiser der neunundneunzig Tage, und dem österreichischen Kronprinzen Rudolf mit seinem liberalen Credo.

Der Victorianismus des weiland Prinzgemahls

Heute wird in der gängigen Rückschau ein wesentlicher Zusammenhang freilich zumeist übersehen: Die Königin gab, einfach durch ihre Position und durch die Macht der Zeit dem übrigens in sich sehr differenzierten, in „Early-“, „Mid-“ und „Late-“ gestaffelten Begriff „Victorianism“ zwar den Namen, aber sie selbst, Victoria, war nur bedingt eine Victorianerin. Zumindest nicht in dem Sinn einer zum Puritanischen neigenden, selbstgerechten Haltung und einer Betonung strenger moralischer Grundsätze. Wie eine ihrer Enkelinnen, die damalige Kronprinzessin Maria von Rumänien, berichtet, sah die Herrscherin hochbetagt zum erstenmal Bizets „Carmen“, und weit davon entfernt, an den „Verruchtheiten“ der Handlung auch nur den geringsten Anstoß zu nehmen, verfolgte sie das Bühnengeschehen sehr interessiert und gespannt. Der eigentliche Schöpfer des Victorianischen war vielmehr ihr 1861 zweiundvierzigjährig verstorbener Prinzgemahl Albert von Sachsen-Coburg, einer ernster, konstruktive Arbeit, Lauterkeit und untadelige Gesittung über alles stellender Mann, der die politische und wirtschaftliche Entwicklung Großbritanniens um die Mitte des 19. Jahrhunderts vorantrieb und so, zwei Schritte hinter dem Thron, zum festen ethischen Pol des Königreichs und zum schließlich von den skeptischen Briten anerkannten, verdienstvollen Mittler zwischen der Dynastie und dem Volk wurde. König Baudoin von Belgien 1981 in seiner Adresse an ein deutsch-britisches Historikerseminar in Coburg: „In seinem Leben und Wirken verkörperte der Prinzgemahl, obwohl er nie eine Krone trug, die besten Eigenschaften modernen konstitutionellen Königtums."

Mit einer an Maria Theresia gemahnenden Treue über das Grab hinaus lebte die Königin die langen Jahrzehnte ihrer Witwenschaft dem Andenken dieses von ganzem Herzen geliebten Gatten. (Ihre Briefe an Albert strotzten dermaßen von gänzlich unvictorianischen erotischen Zärtlichkeiten, daß spätere „Victorianer" des Königshauses diese Nachlaßstücke nach kurzen Einblicken schockiert verbrannten!) Zum äußeren Zeichen ihrer unwandelbaren Trauer trug sie fortan nie andere Kleider als solche aus schwarzem Atlas, wie eine verwitwete Marchesa im tiefsten Sizilien, nur zu ihrem Diamanten Regierungsjubiläum war sie zu bewegen, eine graue Seidenrobe zu wählen. Sehnsüchtig forschte sie in den Zügen und im Wesen ihrer Kinder nach Ähnlichkeiten mit dem Vater, sie wünschte sich seine Ebenbilder – beim Prince of Wales allerdings vergeblich, denn der war physiognomisch und in vielen Charaktereigenschaften weit eher der Sohn seiner Mutter.

Begegnung an der Riviera

Anders als Kaiser Franz Joseph, der fast stets in Wien präsent war, erfüllte sie ihre Herrscherinnenpflichten in einer gleichsam zentrifugalen Weise und trotzdem als „Achse des Weltreichs", wie André Maurois sie in seinem Buch über Eduard VII. nannte. Höchst selten hielt sich Victoria in London auf, sondern sie residierte meist in Osborne House auf der Insel Wight, im Schloß Windsor oder auf dem schottischen Landsitz Balmoral, eine Distanznahme, die erheblich dazu beitrug, ihre Person immer stärker ins Sinnbildliche zu entrükken. „Sie hatte eine geheimnisvolle Ausstrahlungskraft gewonnen und wirkte in der Tat wie ein Idol von kleiner, gedrungener Gestalt, ein stilisierter Fetisch, eine vom Kerzenrauch geschwärzte Madonna." So formuliert es der moderne britische Victoriana-Forscher Jan Morris. „Sie war die Große Weiße Königin, deren Abbild man in jedem Winkel der Welt kannte und deren Name durch die Benennung von Kaps, Buchten, Provinzen, Städten, Seen, Inseln, Bergen und Bahnhöfen in allen Zonen verewigt wurde. Damals erschien sie alterslos, wie alle Urmütter."

In ihrem Empire, dessen Dominions und Kolonien sie selbst niemals aus eigener Anschauung kennenlernte, trat das Phänomen des „Nationalismus" vor allem als Widerstand der Inder und als Problemfaktor Irland in Erscheinung. Während Österreich-Ungarn sich nach 1866 einer nur kurz durch den bosnischen Okkupationsfeldzug von 1878/79 unterbrochenen Friedensperiode erfreuen durfte, hatte die Königin sehr oft Krieg zu führen. Doch peripher, ohne daß das Mutterland davon berührt wurde: gegen die Zulus, an der berüchtigten „Nordwestgrenze" zwischen Indien und Afghanistan, wo auch britische und russische Geheimdienstagenten hart aneinandergerieten, oder im Sudan. Vielfach waren es bloß „Strafexpeditionen", militärische Polizeiaktionen, da und dort in damals fast unvorstellbar fernen Winkeln und Zonen der Erde, ins geographisch Abstrakte entglitten, ausgefochten von den Soldaten eines Freiwilligenheeres, teils aus Großstadt-Slums und Notstandsgebieten rekrutiert und auf der Heimatinsel keineswegs so populär und symbolträchtig wie in der Donaumonarchie die k. u. k. Armee. Das weitaus größere Ansehen als Garant der Weltgeltung genoß die Flotte, die Royal Navy, die es „Britannia" ermöglichte, „die Meere zu beherrschen", wie es im Text der bekannten Hymne so stolz und programmatisch heißt. In Österreich hingegen blieb die Kriegsmarine im binnenländisch orientierten Vorstellungsbild der Franz-Joseph-Ära immer eine Randerscheinung, ein wenig fremdartig, ja exotisch fast, und der Kaiser selbst legte nie die Admiralsuniform an, weil ihm dieser Rang eben nicht zuerkannt worden war . . .

Der Neigung der Königin zu einer persönlichen „splendid isolation“ entsprach auch ihre Gepflogenheit, alljährlich an die Riviera zu reisen, um dort, dem dichten Nebel der Atlantik- und Nordseebreiten entflohen, in Gesellschaft von Hofdamen zu überwintern. Ein weiterer Unterschied zum Kaiser, der die „Ferien“ prinzipiell in einem Kernland seines Reiches verbrachte, sich während des Sommers in Bad Ischl in den allerhöchsten, aber denoch heimatlichen Jäger verwandelte. In Victorias Retiro, einer Villa des Küstenortes Cimiez, kam es 1896 und im März 1897 zu Begegnungen zwischen der Matriarchin und dem Patriarchen. Franz Joseph verband dabei in ebenso subtiler wie ökonomischer Abstimmung zwei Gebote ehelicher und monarchischer Courtoisie: Kaiserin Elisabeth hatte nämlich, wie so häufig in den Jahren ihres rastlosen Wanderlebens, wieder einmal an der Côte d’Azur Aufenthalt genommen, und mit der Absicht, sie zu besuchen, entschloß sich der Herrscher zu einer kurzen privaten Reise, was bei ihm äußerst selten geschah.

Der Thronfolger nach London?

Das Gespräch in Cimiez sollte nach Franz Josephs Auffassung nur ein informelles Vorspiel, eine Art Antrittsvisite sein, der, so meinte der Monarch, die festliche Gratulation im Rahmen eines Londoner Fürstentreffens am Ehrentag der Königin folgen würde. Mit diesen Hoffnungen wurde er allerdings enttäuscht. Und nicht nur er. Einige Zeilen seiner Erinnerungen widmete Rumbold der delikaten Situation, die durch eine zwar glaubhaft klingende, aber unerwartete Absage entstand.

„Es war kein Geheimnis, daß dem Kaiser sehr daran gelegen war, persönlich zu den Jubiläumsfeierlichkeiten zu reisen. Umso bedauerlicher, daß er davon durch die Bedenken der Berater der Königin abgehalten wurde, ob sie den Anstrengungen gewachsen wäre, gekrönte Häupter zu empfangen, deren Anwesenheit zwangsläufig weitere Zeremonien und damit Ermüdung bedingt hätte. Für eine solche Entscheidung mag es andere Motive gegeben haben, aber inoffiziell wurde dies als Grund einige Zeit vor dem Jubiläum allen großen Höfen mitgeteilt."

Der wahre Grund, warum man in London von Einladungen ausländischer Staatsoberhäupter absah, lag in dem Wunsch Victorias, dieses Fest als ein patriotisches, rein britisches insular zu feiern und nicht als ein Ereignis der gesamteuropäischen Zeitgeschichte. Der sechzigste Jahrestag ihrer Thronbesteigung sollte den Briten und den aus den Dominions und Kolonien in die Metropole angereisten Vertretern des Empire gehören. Auch das familiäre Moment, eine Teilnahme ihrer zahlreichen, über mehrere Fürstenhöfe verstreuten Nachkommenschaft, schloß die Herrscherin aus. Selbst der ihrem Herzen so nahestehende Enkel Kaiser Wilhelm II., der sich brieflich bereits nach Einzelheiten des geplanten Verlaufs erkundigte, erhielt als Antwort ein großmütterliches Nein. Premierminister Lord Salisbury stimmte in dem Bestreben, exklusiv zu bleiben, mit seiner Königin überein. Unter dem Prätext der Rücksicht auf die geschwächte Physis der alten Dame wurde den regierenden Fürsten freigestellt, Verwandte zu delegieren.

„In Österreich gestaltete es sich zu einer Frage von einiger Bedeugung, welcher der Prinzen des Kaiserhauses als Repräsentant des Monarchen entsandt werden sollte. Natürlich erschien Erzherzog Franz Ferdinand, der Thronfolger, als der berufenste Vertreter seines erlauchten Onkels."

Ein „Todgeweihter" gibt kräftige Lebenszeichen

Damit kam der voraussichtliche Erbe des Habsburgerreiches ins Gesichtsfeld des britischen Botschafters, wenn auch noch nicht persönlich. Viele Spekulationen kreisten um diesen Zweiten Mann der Doppelmonarchie. Im Oktober 1892 nach langjähriger militärischer Verwendung zum Generalmajor ernannt, hatte Franz Ferdinand eine Weltreise angetreten, die ihn zwar nach Indien, Australien und Kanada, doch nicht auf die britische Insel führte. Er war damit nach seinem Onkel, Erzherzog Ferdinand Maximilian, der zweite Sproß des Hauses Österreich, der seinen Horizont global erweiterte. Man mag einen merkwürdigen inneren Zusammenhang mit seinem

Der Thronfolger Erzherzog Franz Ferdinand, an dem Sir Horace Lebensernst und Willensstärke beeindruckten

späteren Schicksal darin erblicken, daß er auf diesen Fahrten den Inkognito-Namen „Graf von Hohenberg“ verwendete . . .

Eines der Resultate der Tour de Monde war die durch Beobachtungen gefestigte Überzeugung des Erzherzogs, Österreich-Ungarn müsse, obgleich es sich nicht am kolonialen Wettrennen beteiligte, dennoch auch zur See stark sein, um als Großmacht voll zu zählen. Daraus erklärt sich sein lebhaftes Interesse für die k. u. k. Kriegsflotte und die energisch verfochtene Tendenz zum raschen Ausbau der Eskadern.

Kurz nach der Rückkehr mit dem Kommando der 38. Infanteriebrigade in Budweis betraut, mußte er sich bald wegen Symptomen von Tuberkulose in Behandlung begeben. Die Kuraufenthalte von 1895 bis zum Frühling 1897 verbrachte er in südlichen Klimazonen, teils in Ägypten. Während jener Zeit starb sein Vater, der um drei Jahre jüngere Kaiser-Bruder Erzherzog Karl Ludwig, der de facto trotz seines fortgeschrittenen Alters als der eigentliche Thronagnat gegolten hatte, eine Stellung die dann – im übrigen ohne formelle Erklärung! – auf Franz Ferdinand überging. Angesichts seiner gefährlichen Erkrankung rechnte „man“ bei Hof und in der öffentlichen Meinung allerdings kaum mehr mit ihm, zählte ihn au fonde schon fast zu den Toten, menschlich wie politisch. Besonders in Ungarn wurde er als unrettbarer Moribundus betrachtet, die Budapester Presse befaßte sich in so wenig taktvoller Weise und kaum verhülltem Wunschdenken mit seinem demnächst zu gewärtigenden Ableben, daß er sich beim Kaiser brieflich heftigst beschwerte und seinerseits in einer Aufwallung seines cholerischen, aggressiven Naturells mit den Ungarn scharf ins Gericht ging, ihnen „Kossuth-Verherrlichung, Sinken des monarchischen Prinzips, Herrschaft des Freimaurer- und Judentums“ vorwarf.

Die ungleichen Brüder

Viel später, 1914, sagte Karl Kraus von Franz Ferdinand, dieser sei „kein Grüßer“ gewesen, womit er einen stark ausgeprägten Wesenszug bezeichnete, nämlich eine menschliche Sprödheit, der nichts daran gelegen war, Popularität zu erringen. Der Thronfolger besaß kein Talent zur Volkstümlichkeit, weder in der Form des ehrfurchtgebietenden Majestätischen wie sein kaiserlicher Onkel, noch in jener stark wienerisch getönten Bonvivant-Note, die seinem jüngeren Bruder Erzherzog Otto eignete, der in seiner Neigung zum fidelen, ja ausschweifenden Leben dem damaligen Kronprinzen Rudolf ähnelte, wiewohl ohne die tiefe, quälende psychische Problematik, die den Sohn Franz Josephs dazu getrieben hatte, Anfälle von Verzweiflung mit leichtsinnigen Eskapaden zu übertäuben. Obgleich also ein habsburgischer Feschak und berühmt schöner Mann, genoß Erzherzog Otto den Ruf eines equestrisch hervorragenden und dienstlich absolut gewissenhaften Kavallerieoffiziers, Qualitäten, die in seinem später überlieferten, verflachten Charakterbild ihre Deutlichkeit verloren.

Aufmerksam beobachte Sir Horace die Vorgänge um das konträre Brüderpaar, damals eines der Hauptthemen für Mutmaßungen in den obersten Kreisen Wiens.

Franz Ferdinands Bruder Erzherzog Otto, zeitweilig als heimlicher Thronfolger favorisiert, liebenswürdig, doch ohne dynastische Ambitionen

„Erzherzog Franz Ferdinand hatte den Winter im Süden verbracht, größtenteils in Ajaccio auf Korsika, und eine Annahme, die sich zum Glück bald als unbegründet erwies, besagte, er sei fast als unheilbar zu betrachten. Während seiner langen Abwesenheit wurde bei offiziellen Verpflichtungen häufig sein jüngerer Bruder Erzherzog Otto herangezogen, er hatte den Kaiser auch auf dessen kürzlich unternommener Reise nach St. Petersburg begleitet. Man hatte sich bereits daran gewöhnt, in ihm den präsumtiven Thronerben zu sehen, und die Rückkehr des Älteren in wesentlich gebesserter Verfassung bewirkte viele müßige Spekulationen über die Folgerungen einer, wie man glaubte, recht heiklen Situation. Aber die beiden Brüder waren einander so herzlich zugetan, daß, soweit es sie selbst betraf, keine Schwierigkeiten zu befürchten standen. Ich erinnere mich sogar an ein Diner im Augarten, bei dem Erzherzog Otto in einer mich sehr beeindruckenden Weise von der erfreulichen Nachricht über seinen Bruder sprach und mir sagte, wie ungeduldig er dessen baldige Heimkehr erwarte."

Denn dem „schönen Otto“ fehlte gänzlich der Ehrgeiz, den vorrangigen Platz des Erstgeborenen einzunehmen, er hegte keinerlei Aspirationen auf die ihm zugefallene Rolle eines stellvertretenden oder gar definitiven Thronfolgers samt den damit verbundenen offiziellen Auftritten, obwohl er mit seiner glänzenden Erscheinung und seinem Charme für die Repräsentation weitaus besser geschaffen war als der distanzierte, oft unwirsche, sich nur einem kleinen Zirkel vertrauter Menschen erschließende Franz Ferdinand. Auch stand hinter Otto keine starke, politisch orientierte Frauenpersönichkeit, die ihn zu dynastischen Ambitionen angeregt hätte. Er war mit Erzherzogin Marie Josefa verheiratet, der Schwester des letzten Königs von Sachsen, einem sanften, gütigen, ja zur Aufopferung fähigen Wesen. Wenn er, wie Rumbold erwähnt, diesen in seiner Residenz, dem Augarten-Palais – von ihm „Auwehgarten“ genannt – in ein privates Gespräch zog, dann mag man darin fast einen Akt der Selbstverleugnung, eine Bewährung von Disziplin erblicken, da ihm gerade Konversation mit Diplomaten ganz besonders widerstrebte.

„Ein großes Fragezeichen“

Rumbolds Schilderung seiner Unterredung mit dem zurückgekehrten Thronfolger und das Porträt, das er gleichsam in Crayon-Manier skizziert, gewinnen im Licht späterer historischer Entwicklungen den Wert seltener, kompetenter Augenzeugenschaft. Es ist noch nicht der kraftvoll gegen Hemmnisse kämpfende und mit einem fest umrissenen – falschen oder richtigen – eigenen Konzept in die Geschicke der Donaumonarchie eingreifende reife Mann, der uns hier entgegentritt, sondern ein Dreißiger, damit beschäftigt, die seelischen Nachwirkungen eines eben erst überwundenen, lebensbedrohenden Leidens zu bewältigen und mit den verbitternden Erfahrungen fertig zu werden, daß ihn der Hof ohne sichtliches Bedauern schon abgeschrieben hatte. Sir Horace übte aus seiner damaligen Perspektive denn auch die gebotene Zurückhaltung, ließ die noch offenen Fragen offen, wollte kein letztes Wort der Prophezeiung sprechen.

„Kurze Zeit nach seiner Ankunft übernahm Erzherzog

Franz Ferdinand ganz selbstverständlich wieder die Position, die ihm gebührte, und Anfang Juli wurde er dazu ausersehen, den Kaiser in London zu vertreten."

„Diese Wahl gab mir die Gelegenheit zu einer Audienz beim Thronfolger. Er bewohnte ein kleines Palais in der Reisnerstraße. (Es war, genauer gesagt, das 1916 demolierte Palais Modena in der Beatrixgasse.) Von dort übersiedelte er später in das viel würdigere Schloß Belvedere. Der Erzherzog, obgleich nicht so eine blendende Erscheinung wie sein jüngerer Bruder, ist ein sehr gut aussehender, eher versonnen wirkender Herr. Man hat ihm, wohl zurecht, sehr entschiedene Ansichten nachgesagt, und sicherlich lieferte er Beweise von Willensstärke und Beharrungsvermögen, und wenn dereinst der traurige Tag der Thronvakanz kommen sollte, wird er die Zügel der Regierung gewiß nicht mit schwacher Hand ergreifen."

„Denoch wäre es vermessen, schon ein Urteil über ihn abzugeben, da dies der Versuch einer Voraussage der Zukunft wäre, in der ihm eine so wichtige Rolle bestimmt ist. Wenn man mich über den Erzherzog befragt, was oft geschieht, dann kann ich nur antworten, daß er bis nun ein fast unbekannter Faktor in der Rechnung ist. Und dies muß er unter dem Zwang der Umstände sein. Als er im Alter von sechsundzwanzig Jahren durch das tragische Ende seines hervorragend begabten Cousins so jählings zum Thronerben wurde, war er kaum auf die hohe Aufgabe vorbereitet, die ihn erwartet und der er seither mit solchem Eifer gerecht zu werden versucht. Daher muß er seinen Weg zu finden trachten und vor allem strikte Reserve wahren. Er selbst und die Zukunft der hart bedrängten Monarchie können am besten mit einer gebräuchlichen deutschen Redewendung charakterisiert werden: ‚Ein großes Fragezeichen'!"

Vergessene Heiratspläne

Eines wußte Rumbold zum Zeitpunkt des Gesprächs freilich kaum: Seit seiner Weltreise war Franz Ferdinand eigentlich kein Freund des Empire. Beobachtungen von Mißständen in den Dominions und Kolonien, vor allem in Indien, hatten ihn dem „stolzen Albion“ gegenüber sehr kritisch gemacht. Später revidierte er seine Ansichten und gewann ein durchaus positives Verhältnis zum Britentum, an dem ihn jene Eigenschaften beeindruckten, die er selbst besaß, nämlich Initiative, Wagemut, Konservativismus, der sich neuen Forderungen nicht verschließt, sie aber sorgfältig prüft, und ein anerzogener ethisch begründeter Respekt vor Recht und Gesetz, welche in Freiheit die innere Ordnung gewährleisten.

Manche Eingeweihte hielten sogar eine Eheschließung des Thronfolgers und der Prinzessin Mary, einer Tochter des Prince of Wales und nachmaligen Königs Eduard VII., für möglich, eine verwandtschaftliche Verbindung, welche die erste zwischen dem britischen Herrscherhaus und der Habsburgerdynastie gewesen wäre. Fraglich bleibt, will man die historische Utopie dieses interessanten, vergessenen Heiratsplanes ausspinnen, ob sich eine solche Verschwägerung auch politisch auf die weitere Entwicklung ausgewirkt hätte, ob manches im Kräftespiel der Nationen vor 1914 dann eben anders gekommen wäre. Konkrete Fälle lassen es zweifelhaft erscheinen. Die Tatsache etwa, daß König Ferdinand von Rumänien selbst noch direkt dem Haus Hohenzollern-Sigmaringen entstammte, deutsch erzogen war, fühlte und dachte, hätte ihm zum natürlichen Verbündeten der Mittelmächte prädestiniert, verhinderte aber nicht den Kriegseintritt Rumäniens an der Seite der Entente.

Zu Albert v. Margutti, der damals der Generaladjutantur des Kaisers zugeteilt war, sagte der Thronfolger nur: „Es wäre wirklich schon höchste Zeit, wenn auch wir wieder daran dächten, durch geeignete Heiraten das Prestige des Kaiserhauses zu heben und hiedurch der Monarchie einen Dienst zu erweisen. Aber eine solche Heirat schwebt noch – wenn sie überhaupt möglich ist, was ich nicht weiß und wissen kann – in so weiter Ferne, daß man besser tut, sich jetzt damit nicht zu befassen.“

Tu felix Austria nube – zu jener Zeit glaubte Franz Ferdinand noch an diese uralte Devise kluger, friedlicher Machtmehrung der Casa de Austria. Doch die Pläne einer ehelichen Allianz zwischen Wien und London, sofern sie je über das Stadium höfischer Gedankenspiele hinausgediehen waren, verliefen spurlos im Sand, und als der Erzherzog wirklich eine

Verbindung anstrebte, ging es ihm ganz und gar nicht um die Staatsräson, darum, „der Monarchie einen Dienst zu erweisen". Wie jeder wahrhaft Liebende dachte er dann nur an sein persönliches, privates Lebensglück, das er sich schwerer und entsagungsreicher erringen mußte als viele Bürger der Länder, über die er dereinst herrschen sollte. Erringen durch Treue und Standhaftigkeit. In diesen Tugenden zumindest, im unbeirrbaren Bekenntnis zur Frau seiner morganatischen Wahl, war er vielleicht ein „Letzter Ritter".

Engländer und Anglophile in Wien

Selbstverständlich sollten an den Jubiläumsfeierlichkeiten für die Queen die Mitglieder der britischen Kolonie Wiens teilnehmen dürfen. Allerdings konnte der Botschafter nur eine relativ kleine Schar von Landsleuten aufbieten.

„Fast ausschließlich Gouvernanten und Sprachlehrer, dazu eine Anzahl von Musikstudenten und anderen Studierenden beiderlei Geschlechts, einige Elektroingenieure und Gaswerktechniker, sowie ein oder zwei Trainer."

Dieser auch sozialgeschichtlich interessante, typische Querschnitt zeigt, wer damals aus beruflichen Gründen aus England nach Österreich kam.

Die Weltsprachen wurden in Wien mit wechselnder Intensität gepflegt. Das Italienische hatte seine hiesige Domäne im 18. und auch noch in den ersten Dezennien des 19. Jahrhunderts in der Sphäre der Oper, also im Kärntnertortheater, wo bis 1848 neapolitanische Impresari mit abenteuerlicher Herkunft und romanhaften Schicksalen, wie etwa der berühmte Signor Barbaja, den Ton angaben. Zum anderen war Italienisch noch weitaus länger die Sprache der österreichischen Diplomatie im östlichen Mittelmeerraum und im Orient, da es dort seit den Glanzzeiten der Venezianer die Geltung einer Lingua Franca besaß.

Unversales fremdes Idiom, übergeordnet wie einst im Abendländischen das Latein, Verständigungsmittel europäischen Formats, aus dem Wendungen und einzelne Worte, herausgelöst und anverwandelt auch ins Vokabular der bodenständigen Umgangssprache übernommen wurden, war das Französische „. . . noch aus der lang versunkenen Zeit des großen Völkerkongresses als die bevorzugte Fremdsprache der Vornehmen Mode geblieben. Der österreichische Hochadel sprach, wenn er auf seinen mit Vorliebe gepflegten Wiener Lokaldialekt, auf sein für den Gebrauch in den Salons gehobenes, aus dem Allegro in eine Andante gedehntes Fiaker-Deutsch verzichten mußte, gern ein lässig weiches, wohlklingendes Französisch." So äußerte sich dazu der Wiener Verlegersohn und Schriftsteller Karl Rosner aus eigener Erfahrung. Während der siebziger und achtziger Jahre des vorigen Jahrhunderts gab es in vielen Wiener Bürgerfamilien die „Mademoiselle", eine gebürtige junge Französin oder Westschweizerin, von der die Kinder im täglichen Verkehr die Sprache erlernten.

Die Französischkenntnisse des Kaisers selbst waren laut zeitgenössischen Angaben überdurchschnittlich gut, was ihm ermöglichte, mit den ausländischen Missionschefs persönliche Gespräche unter vier Augen zu führen – mit Ausnahme der Geschäftsträger der USA, die fast alle nur das dem Monarchen de facto gar nicht geläufige Englische beherrschten, weshalb er bei Kontakten mit ihnen einen Dolmetsch heranziehen mußte. Bisweilen bedauerte er dieses Hindernis für eine direkte Verständigung, denn manche der amerikanischen Diplomaten erweckten sein reges Interesse. Ein singulärer Fall unter solchen transatlantischen Monoglotten war John Lothrop Motley, von 1861 bis 1867 amerikanischer Botschafter in Wien. Er sprach mit Franz Joseph so perfekt und akzentfrei Deutsch, daß dieser glaubte, einen zu diplomatischen Würden aufgestiegenen ehemaligen Auswanderer vor sich zu haben. Aber Motley, nebenbei ein Historiker von Rang, hatte sich seine souveräne Doppelsprachigkeit als Student der Universitäten Göttingen und Berlin erworben und sie bereits im Umgang mit seinem Jugendfreund Otto v. Bismarck bewährt.

Zudem verzeichnete der Fremdenverkehr Europas bereits in den sechziger und siebziger Jahren einen erstaunlich starken Anteil an amerikanischen Reisenden, so daß sich Engländer wie der häufig im Ausland weilende Publizist William Beatty-Kingston darüber beklagten, sie, die klassischen britischen Touristen, würden von ihren transatlantischen „Vettern“ zusehends in den Hintergrund gedrängt. Die Yankees, so hieß es ausdrücklich, „verdarben den Markt“. Sie brachten das große Geld herüber und gaben es generös aus, was wiederum die Erwartungen der Hotellerie und deren Preise steigerte. Der Aufenthalt auf dem Kontinent werde einfach zu teuer für die Briten, meinte Beatty-Kingston. Auch in Wien, vordem ein beliebtes Reiseziel begüterter victorianischer Gentlemen, seien die guten Hotels von den Amerikanern förmlich erobert worden und „die Oberkellner sprechen Deutsch-Englisch mit einer nasalen Yankee-Färbung – obwohl sie aus Lerchenfeld stammen.“ Einer der Zuzügler, Mr. Charles Adams aus Boston, Massachusetts, gedachte hier nicht seine Dollars zu spendieren, sondern vielmehr österreichische Gulden zu verdienen, und zwar als Sänger. Er war also ein einsamer, früher Vorläufer der vielen amerikanischen Interpreten im Wiener Musikleben unserer Epoche. Längere Zeit gehörte er im Tenorfach dem Ensemble der Hofoper an, austrifizierte sich zusehends, was ihn freilich nicht hinderte, seinen 1873 in Wien geborenen Sohn auf die Vornamen John Quincy taufen zu lassen, aus Verehrung für den gleichnamigen zweiten Präsidenten der USA. Dieser John Quincy Adams „der Zweite“ wurde später einer der beliebtesten und elegantesten österreichischen Gesellschaftsporträtisten seiner Zeit.

Solche allmähliche internationale Aufwertung der USA, insbesondere aber die Bedeutung des britischen Empire als führende politische und wirtschaftliche Weltmacht, spiegelt sich darin, daß im Denken polyglotter Österreicher das „modernere“ Englisch in den Vordergrund trat und das Französische in die Rolle des „Historischen“, eben des Ancien Règime verwies. (Wiewohl dann 1892 bei der Wiener Musik- und Theaterausstellung zwar die Comédie Française ein sensationelles Gastspiel absolvierte, indes keine einzige Shakespeare-Aufführung eines englischen Ensembles zu sehen war.) An der Universität Wien wurde erst 1872 ein Lehrstuhl für Anglistik geschaffen und mit dem bisherigen Breslauer Privatdozenten Julius Zupitza besetzt. Bezeichnend für den damaligen neuen „Trend“ die Äußerungen eines jüngeren Gelehrten, des Tirolers Alois Brandl, der später zu einem der prominentesten Anglisten Berlins arrivierte. In seinen

Memoiren schrieb er über die Hörerschaft der Vorlesungen, die er ab 1881 an der Wiener Universität hielt: „Alle Welt in Wien interessierte sich für Englisch, das hieß für Shakespeare, Walter Scott und Byron, für Parlament, Seefahrt und Großkapital."

Ganz abgesehen von kulturellen, kommerziellen und rationalen Erwägungen eignete dem Englischen in den Augen der Wiener die Faszination des „Weltmännischen", des Mondänen, es war eben die Sprache der wegen ihrer Eleganz und überlegenen Lebensart bewunderten Gentlemen und Dandies. Was modern, schick, in einem sublimeren Sinn fesch war, hieß jetzt hierzulande oft „fashionable" und in der „fashion" selbst, der Mode, gewann das Londoner Vorbild zusehends an Terrain. Zugewanderte böhmische und ungarische Herrenschneider legten Wert auf den Ruf, einen „englischen Salon" zu betreiben, und der führenden Couturier Wiens, der gebürtige Hamburger Christoph Drecoll, mit einem von Hocharistokratinnen und Primadonnen frequentierten Atelier am Kohlmarkt, brachte für die Wienerinnen in den neunziger Jahren das „Tailor-made" auf, das Modegeschichte machende englische Damenkostüm.

Bald gab es in der hiesigen Gesellschaft die ersten Marias, die sich selbst partout „Mary" nannten, die berühmteste unter ihnen blieb die junge Baronesse Vetsera. In die Bibliotheken auf den Landschlössern des österreichischen Adels fand die „Collection of British Authors" Eingang, eine für die Kulturbeziehungen zwischen der Insel und dem Kontinent sehr bedeutsame Buchreihe des Leipziger Verlags Bernhard Tauchnitz, in der Jahrzehnte hindurch englische Literatur und Belletristik im Originaltext erschien. Ursprünglich waren diese Lizenzausgaben vor allem als Reiselektüre für britische Touristen gedacht (demgemäß war die Einfuhr nach Großbritannien und den Kolonien verboten!). Doch mit der wachsenden Verbreitung der Englischkenntnisse mehrte sich „in den gebildeten Schichten" Deutschlands und Österreichs die Zahl der Käufer, welche die Werke im Abonnement bezogen. Simple Broschur der Bände gewährleistete nämlich eine sehr günstige Preisgebarung.

Zu den ständigen Abnehmern gehörten auch die k. k. Hofbibliothek und die Wiener Universitätsbibliothek. Von

Das „englische Schneiderkostüm", das Modegeschichte machte, in einer wienerischen Spielart von 1896

dieser klugen Entscheidung profitiert noch der heutige „antiquarische" Forscher, wenn er, hier am Ort, etwa nach Romanen inzwischen längst verschollener Zeitgrößen der victorianischen Epoche fahndet, denn das treffliche Haus Tauchnitz, das bereits vor dem Berliner Ullstein-Verlag und lange vor der Geburt des Taschenbuches derartige modern anmutende Ideen entwickelte, veröffentlichte damals prompt ziemlich alles, was in der britischen Buchproduktion einige Aufmerksamkeit erregte. So z. B. auch die Prosa der Austro-Britin Dorothea Gerard, einer schottischen Lady, die einen österreichischen Kavallerieoffizier geheiratet hatte und, mit den Verhältnissen in ihrer Wahlheimat gründlich vertraut, in mehreren ihrer einst vielgelesenen Romane und Novellen das Bild

Kakaniens sehr detailreich und milieugerecht zeichnete, eine Sujetwahl, die ihr im englischen Schrifftum die gebührende Sonderstellung sicherte.

Unter den Wienern, die sich um eine polyglotte Existenz bemühten, war übrigens der junge Nervenarzt Dr. Sigmund Freud. Er brachte es in der Beherrschung des Englischen immerhin so weit, daß er seit Ende der achtziger Jahre für amerikanische Gaststudenten Vorlesungen in deren Muttersprache halten konnte. Eine Arbeit über seine frühen medizinischen Forschungen schrieb er allerdings auf Französisch, denn die beste Publikationsmöglichkeit dafür bot sich ihm in den Pariser „Archives de Neurologie“.

Residenzen im malerischen „englischen Style“

Auf dem Gebiet der Architektur hatte die „Gothic Revival“, die spezifisch englische und schottische Neogotik, bereits um die Mitte des Jahrhunderts auch in Österreich ihre Faszination und Wirkung ausgeübt. Auftraggeber aus den großen Geschlechtern wurden bei Neu- oder Umbauten ihrer Landsitze zur bewußten, beabsichtigten Übernahme von Formen dieses fremden Kulturerbes angeregt, häufig durch eigene Reiseeindrücke. So entstanden in der Donaumonarchie mehrere bedeutende Milieu- und Denkmalschlösser des romantischen Historismus im „englischen Style“ mit starken malerischen Reizen der Szenerie. Etwa die Gräflich Breunersche Sommerresidenz Grafenegg östlich von Krems, nach 1945 lange vom Verfall bedroht, nun aber, in allmählicher Gesamtrestaurierung, geradzu ein Symbol der francisco-josephinischen Welt geworden und ein idealer Rahmen für Ausstellungen mit Themen aus dem 19. Jahrhundert.

Ein anderes sehr markantes Beispiel ist das Kärntner Schloß Wolfsberg, das die Grafen Henckel-Donnersmark aus altem Gemäuer in eine weitläufige Anlage nach dem Vorbild von Windsor Castle verwandelten. Im Dienst eines Mitglieds des Kaiserhauses, des Erzherzogs Leopold Ludwig, der in manchen Wesenszügen dem bayerischen König Ludwig II. verwandt war, beschäftigte sich sogar der klassisch orientierte Theophil Hansen mit ihm sonst fernliegenden baukünstleri-

Englandreisen des Hochadels erbrachten Anregungen für den Bau romantischer „Denkmalschlösser“, hier Frauenberg in Böhmen (oben) und Grafenegg bei Krems (unten)

schen Erscheinungen, als er die Fassade und Räume des Schlosses Hernstein im Waldtal der Piesting mit dem Element des Tudorbogens ausstattete.

Die stilistisch repräsentativsten, merkwürdigsten Schöpfungen jener Richtung befinden sich heute allerdings außerhalb der österreichischen Grenzen, nämlich das phantastische Schwarzenbergische Schloß Frauenberg (tschechisch: Hluboká) in nächster Nähe von Budweis, und das mährische Schloß Eisgrub (Lednice) des Fürsten Alois II. von Liechtenstein. Der galt seinerzeit als ein veritabler Anglomane, sein Schloß ist womöglich noch englischer als die echte „Gothic Revival“, über ihn sagte der Bauernbefreier Hans Kudlich mit mißbilligendem Unterton: „Er ahmte das ‚high life‘ von Altenglands Aristokratie nach, suchte ihre steifen Sitten, ihre Manieren, Pferde, Wettrennen, ihre Kutschen und Bedienten auch bei dem Hochadel Österreichs einzubürgern.“

Dezennien danach ließ sich Erzherzog Otto, mit dem Rumbold in Wien in Berührung kam, auf seinem Besitz Schönau an der Triesting neben dem alten, wenig einladenden Schloß einen Komplex wohnlicher Cottages erbauen, die starke Anklänge an gleichzeitige feudale englische Landhäuser aufweisen. Die Stallungen mit ihrem Fachwerk vollends wären ein bisher noch unentdeckter Drehort für Fernseh-Außenaufnahmen in einem glaubhaft englischen Milieu – mitten im südlichen Niederösterreich! Derlei insulare Entlehnungen, in denen sich kakanische Gentlemen einrichteten, hatten freilich, obwohl die Queen noch lebte, kaum mehr viel „Victorianisches“ an sich. Ihnen eignete bereits das Zwanglosere, Komfortablere der heraufziehenden „Edwardian Era“.

Während jener späten neunziger Jahre hatte die führende und über England hinaus beispielhaft wirkende Londoner Zeitschrift für Kunst und Kunstgewerbe „The Studio“ einen Kreis von Abonnenten und regelmäßigen Lesern in Wien, und Anregungen für Stil und Geschmackskultur, wie sie der schottische Architekt Charles Renie McIntosh mit seiner aufsehenerregenden Schule von Glasgow gab, wurden in den Zirkeln der Wiener Moderne lebhaft erörtert, fielen besonders bei dem jungen Josef Hoffmann auf fruchtbaren Boden. Originalmöbelstücke und Gebrauchsgegenstände wurden genau begutachtet, englische Organisationformen für gemeinsame künstlerische Betätigung auf ihre Anwendbarkeit geprüft. Das Modell bot die „Arts and Crafts"-Bewegung des vielseitigen, ideenreichen und dynamischen William Morris. Besondere Beachtung fanden auf dem Kontinent die Bibliophilendrucke seiner Offizin „Kelmscott Press", Inkunabeln einer Buchkunst neuen Gepräges. „The Studio" seinerseits berichtete immer wieder auch über das aktuelle Kulturgeschehen in der Sphäre der Wiener Secession. Hier bereitete sich eine Entwicklung vor, in der dann kurz nach 1900 der Wiener Finanzmann und Englandkenner Fritz Wärndorfer die materiellen Bedingungen für die Gründung der „Wiener Werkstätte" schaffen sollte.

Ornamentale Graphik und Signet aus der Londoner Kunstzeitschrift „The Studio", die auch für das Wiener Kulturleben im Zeichen der Secession große Bedeutung gewann

Die „Miß": ein Stück Lebensernst in Steifleinen

Eine Folge dieses Umschwungs der Interessen in Richtung des „stolzen Albion" war auf bürgerlicher Ebene die Nachfrage nach entsprechenden Kräften für die Kindererziehung, verbunden mit der Retraite der vordem so geschätzten „Mademoiselle". Die „Miß" kam auf den Kontinent, der ihr gute Chancen offerierte, die ledige junge Engländerin aus der „lower middle-class", im eigenen Lebenskreis a priori streng zu untadeliger Gesittung herausgebildet, somit absolut vertrauenswürdig, charakterlich für ihre Aufgaben geeignet, respektheischende Verkörperung des Victorianischen. Ohne jeden Anhauch von savoir vivre. Ein Stück Lebensernst in Steifleinen, in seiner Weiblichkeit gleichsam entmaterialisiert, darum den ehelichen Hausfrieden in keiner Weise gefährdend, was man, pardon, nicht von jeder „Mademoiselle" behaupten konnte. In der – zumeist recht unschicken – Erscheinung und reservierten Art, dem nie ganz abgelegten insularen Stolz häufig Gegenstand ironischer Betrachtung von seiten der lebhafteren, lebensfreudigeren Umwelt.

Natürlich galt die Miß als für alles kompetent, was ihre Heimat betraf, von der korrekten Aussprache des Englischen und der moralisch keimfreien Wortwahl bis zu den Höhenregionen englischen Geistes. „Die Engländerin sprach von Shelley. Sie wußte von Shelley ebensowenig wie er. Aber sie war eine Engländerin. Sie mußte das wissen", schrieb Richard v. Schaukal, später ein mit der Sprache souverän umgehender Übersetzer englischer Dichtung und Schöpfer der Figur des Herrn Andreas v. Balthesser, durch den er den Begriff oder besser gesagt das Kulturphänomen des Dandy in die österreichische Literatur einführte.

Trotz ihres erzbritischen Wesens wurde die Miß in Phasen internationaler Auseinandersetzungen nicht unbedingt mit ihrem Land, also mit dem militärischen Gegner oder der angefeindeten fremden Macht identifiziert, etwa im Burenkrieg, über dessen Echo in Wien noch zu berichten sein wird. Ein Verhalten, das für die prinzipielle Einstellung bezeichnend ist, eine menschlichere Sicht der Dinge offenbart, als wir sie aus neueren Zeiten kennen. Selbst in den Epochen des laut verkündeten Nationalismus waren die Feindbilder noch nicht so scharf ausgeprägt, daß die aggressive Ablehnung, ja der Haß, ins Persönliche gegangen wäre, summarisch alle Staatsbürger des Gegners betroffen hätte. Während Österreich gegen Napoleon zu Feld zog, lebten Franzosen als Privatleute unangefochten in Wien oder Prag, und sogar im Verlauf des Ersten Weltkrieges verfuhr man nicht so rigoros, „feindliche

Ausländer“ glattweg zu internieren. Englische Gouvernanten durften ohne Behelligungen in den Häusern der österreichischen Familien bleiben wie vordem. Die Toleranz ging so weit, daß englische und französische Sprachlehrer in Wiener Zeitungen für Sprachkurse annoncieren konnten, mit dem ihre fachlichen Qualitäten bestätigenden ausdrücklichen Hinweis, sie seien gebürtige Pariser oder Londoner!

Sir Paul aus dem Hause Schoeller

Englische Einflüsse hatten sich im Wien der Ringstraßenzeit auch sehr deutlich im Bereich des adeligen Reitsports bemerkbar gemacht. Hielt sich doch Kaiserin Elisabeth selbst immer wieder auf Herrensitzen Englands und Irlands auf, um equestrische Höchstleistungen zu erstreben, woher auch ihre von allerlei romantischen Mutmaßungen umrankte Bekanntschaft mit dem gefeierten verwegenen Parforce- und Dressurreiter Bay Middleton datierte. Aristokraten alten Geblüts und neugeadelte Geldmagnaten wie Nathaniel Rothschild brillierten mit ihren Reitställen edelster Rassepferde. Seit 1866 bestand in Wien nach Londonder Vorbild der österreichische Jockey-Club, die allernobelste, exklusivste Herrengesellschaft der Monarchie, mit der Residenz in luxuriösen feudalen Räumen des „Philippshofes“, einem monumentalen Prachtbau gegenüber der Albrechtsrampe, der das gleiche Schicksal erlitt wie zwei andere Szenerien jener Großen Welt Wiens, die Palais der Fürstin Pauline Metternich und des Barons Rothschild: Bombenvolltreffer und Schleifung. 1868 wurde in der Freudenau das Derby eingeführt, als festlicher, eleganter Beschluß der obligaten Saison vom Spätherbst bis zum Frühsommer, welche die jüngeren, moderneren Eingeweihten bald die „Season“ nannten. Dies Entwicklung brachte englische Pferdetrainer und Grooms als Spezialisten ihres Faches nach Österreich. Das gehörte zum gebotenen „Style“. Manche dieser erprobten kentaurischen Briten wurden hier heimisch und pensionsreif, wie wir von Sir Horace Rumbold erfahren werden.

Die Ingenieure und Gaswerktechniker schließlich, die er

erwähnte, waren als Industrieexperten in dem von dem britischen Konzern der „Imperial-Continental Gas Association“ gegründeten und betriebenen Unternehmen zur Gasversorgung Wiens tätig.

„Nach bewährter britischer Art bildeten sie alle ein Jubiläumskomitee unter dem Vorsitz unseres ausgezeichneten Generalkonsuls Ritter von Schoeller, eines hochangesehenen österreichischen Industriemagnaten. Dieses Komitee übersandte der Königin eine Ergebenheitsadresse in einer schönen Kasette bester Wiener Handwerksarbeit und sammelte außerdem Geld zum Kauf einer – dringend nötigen – neuen Orgel für die Botschaftskapelle und für ein Glasfenster zur Erinnerung an das Diamantene Jubiläum.“

Der damals vierundvierzigjährige Paul Ritter v. Schoeller, Mitbesitzer des Bankhauses „Schoeller & Co.“, Präsident der Handels- und Gewerbekammer in Wien, Herrenhausmitglied etc., übte die Funktion eines britischen Generalkonsuls von 1892 bis 1912 aus. Als Träger des Commandeurkreuzes des an Ausländer für besondere Verdienste um das Königreich verliehenen „Order of St. Michael and St. George“ gebührte ihm der Titel „Sir Paul“. Andererseits konnten noch bis 1904 Bürger fremder Staaten k. u. k. Offiziere sein, eine Regelung, die an die gesamteuropäischen Fluktuationen fähiger Köpfe des 18. und des beginnenden 19. Jahrhunderts gemahnt. Der Linienschiffskapitän Richard Mitis Banfield z. B., gebürtiger Wiener und Veteran der Seeschlacht vor Lissa, blieb als Abkömmling einer irischen Familie de jure und de facto Brite. Auch sein Sohn, der spätere berühmte Marineflieger und Maria-Theresien-Ritter Gottfried v. Banfield, war bis zum Eintritt in die Marineakademie rechtmäßiger Untertan der Königin Victoria und des Königs Eduard VII.

Mit der Kollekte für ihr kleines neogotisches Gotteshaus, die anglikaniche „Christ Church“ in der Metternichgasse, war der britischen Kolonie ein voller und dauerhafter Erfolg beschieden: Die von der Wiener Firma Josef Kaufmann im selben Jahr, 1897, gebaute Orgel steht mit den Originalpfeifen noch heute in Verwendung, das vom Jubiläumskomitee gestiftete Kirchenfenster wurde allerdings während des Zweiten Weltkriegs zerstört.

Die Hammerschläge der „unendlich aimablen Botschafterin"

„Natürlich fand ein offizieller Dankgottesdienst statt, an dem wir alle in Uniform teilnahmen. Am folgenden Abend wurde in ‚Venendig in Wien' im Prater zugunsten des britischen Hilfsfonds und des Gouvernantenheims ein Wohltätigkeitsfest veranstaltet, in dessen Verlauf man meine Frau bat, die letzte Schraube an dem soeben von einer britischen Firma fertiggestellten Riesenrad anzubringen."

Dies waren die drei symbolischen Hammerschläge am 25. Juni 1897 zum Zeichen der Vollendung des von dem britischen Schiffsbauingenieur Walter B. Basset konstruierten und binnen weniger Monate zur Gänze aus importiertem britischem Material errichteten „Gigantic Wheel", das der Vergnügungs-Großentrepreneur Gabor Steiner in Auftrag gegeben hatte. Das Wiener Riesenrad ist übrigens das einzige noch erhaltene und betriebene dieser spektakulären Werke aus Technik und Artistik, andere zeitgenössische gleichartige Bauten in Chicago, London, Paris und Blackpool wurden schon längst demoliert.

Lady Louisa Rumbold erschien nicht nur durch ihre Position zu dieser Krönung des Festaktes berufen, sie war auch eine der beliebtesten Damen der damaligen Wiener Gesellschaft. In einer englisch geschriebenen, bereits 1899 in London publizierten Biographie der Kaiserin Elisabeth betont A. de Burgh solche persönlichen Vorzüge und sagt: „Die Bälle in der Botschaft zählen zu den besten der Saison und waren unter den wenigen, welche Ihre Majestät in früheren Zeiten mit Ihrer Anwesenheit beehrte." Kaiser Franz Joseph selbst schloß sich diesem günstigen Urteil an, in einem seiner Briefe nannte er Lady Rumbold „die unendlich aimable Botschafterin" – eine wienerisch-galante Formulierung im Stil des Ancien Règime und des „Rosenkavaliers" . . .

Große Gala in der Metternichgasse

Zum eigentlichen Jubiläumstermin stattete der Monarch dem Botschafter eine Höflichkeitsvisite ab, nicht zuletzt, um ihm

Das Riesenrad im Bauzustand 1897, von Walter B. Basset konstruiert und aus importiertem britischen Material errichtet

zu der soeben erfolgten Verleihung des Großkreuzes der „Order of the Bath" zu gratulieren. Dieser Besuch war so knapp angekündigt worden, daß Sir Horace Mühe hatte, sich in seine diplomatische Full Dress zu werfen und die Herren seiner Mission rechtzeitig zu versammeln. Dem besonderen Anlaß gemäß erschien Franz Joseph in der Paradeuniform der King's Dragoon Guards, deren Oberstinhaber er war, mit dem Stern und dem blauen Schulterband des Hosenbandordens zum scharlachroten Waffenrock. In dieser ungewohnten Adjustierung stand er sogar dem Hofphotographen zu offiziellen Aufnahmen Modell. Der steilglockige Helm mit Metallspitze und langem Roßhaarbusch behagte ihm offenbar nicht sehr, den deponierte er nach der alten Tizianschen Harnischporträt-Tradition auf dem Ziertischchen neben sich.

Das britisch-francisco-josephinische Regiment, trotz des Titels „Guards" keine Gardetruppe, wie sehr oft fälschlich angenommen wird, existiert noch immer, seit langem als Einheit der Panzer-Kavallerie, nach wie vor mit dem Doppeladler als Mützenabzeichen. Dies wurde hier entsprechend registriert, als die Regimentskapelle im Oktober 1969 im Rahmen der „British Week" in Wien auftrat und die alten Beziehungen zu Österreich erneuerte. Eine zweite Begegnung ergab sich am 14. und 15. Mai 1980 bei den Feiern zum 25. Jahrestag der Staatsvertragsunterzeichnung, zu denen jede der einstigen Besatzungsmächte eine Militärmusik entsandte.

Durch Ankündigungen in der Presse wurden in demokratischer Gleichheit die in Wien anwesenden britischen Staatsbürger summarisch zu einem Empfang eingeladen. Freilich konnte Seine Exzelllenz, der Etikette und vollendete Form zur zweiten Natur geworden waren, dann ein gewisses Befremden nicht verhehlen.

„Das Botschaftsgebäude war ‚en grande gala', innen und außen strahlend erleuchtet. Wir und der Stab des Generalkonsulats warteten in voller Uniform, meine Frau und unsere Dinergäste ‚en grande toilette'. In sonderbarem Kontrast zu dieser Szenerie begann um neun Uhr der Einzug von netten, etwas befangenen weiblichen Wesen in schlichtester abendlicher Aufmachung, nicht wenige sogar in einfachen Vormittagskleidern, dazwischen Männer, zumeist in Alltagsanzügen. Bald waren die Räume voller Menschen, darunter auch eine

Kaiser Franz Joseph als Oberstinhaber der King's Dragoon Guards. Mit dem für Österreicher ganz fremdartigen Helm, hier auf einem bisher unbekannten Foto, bot er einen sonderbaren, recht „unkakanischen" Anblick

oder zwei recht fragwürdige Gestalten. Meine Frau und ich kannten kaum einen dieser Gäste auch nur vom Sehen, aber sie wurden so höflich willkommen geheißen, als wären wir im Weißen Haus in Washington."

„Dann wurde der Speisesaal geöffnet und all unsere Gäste begaben sich zum Souper, in dessen Verlauf mir gerade im richtigen Moment ein Telegramm überbracht wurde, das ich mit einem Freund im Foreign Office vereinbart hatte. So konnte ich den Versammelten den Abschluß des Londoner Triumphzugs der Königin melden. Dieser Mitteilung folgten begeisterte Hochrufe, man trank auf das Wohl der Herrscherin und sang die Nationalhymne. Zu dem Zeitpunkt, als ich Baron ‚Nattis' (Nathaniel Rothschilds) altem Trainer Mr. Butters die Hand geschüttelt und ihm zugetrunken hatte, durfte ich mir sagen, ich hätte den Umständen gemäß mein Bestes getan.“

In den führenden Wiener Tageszeitungen erschienen spaltenlange Berichte über diese exterritoriale Feier in der Metternichgasse. Für die englischen Erzieherinnen wurde im I. Bezirk, im Haus Graben 29 a, ein „Queen Victoria Jubilee Home for British Governesses“ eröffnet, dem Erträgnisse des Wohltätigkeitsfestes im Prater zugeflossen waren, sie reichten sogar für den Grundstock einer eigenen Bibliothek. Noch jetzt tauchen bisweilen Bände mit dem eingestempelten Besitzervermerk auf, bestätigen das klassische Wahrwort der Bücherfreunde: Habent sua fata libelli.

Kulturhistorisch ist ein Detail am Rand des Gesamtgeschehens notierenswert: In London entstanden am Jubiläumstag Filmaufnahmen der Königin, technisch sehr mangelhaft natürlich. Als fahl verflimmerndes Schemen sitzt die alte Dame im Fond ihres Wagens. Doch immerhin: eine der allerersten Gelegenheiten, bei denen das neue Medium ganz bewußt dokumentarisch eingesetzt wurde.

Sommerliche Idylle

Nach den persönlichen Beobachtungen seines österreichischen Kollegen, des Diplomaten Heinrich Graf Lützow, war Sir Horace „ein ziemlich heißblütiger, stark von sich eingenommener, aber sehr an seinem Posten hängender Herr.“ Er betrachtete es als gnädige Schicksalsfügung, daß er den Ausklang seiner langen Karriere in Wien erleben durfte. Der gesellschaftliche Terminkalender des bejahrten Gentleman war nach wie vor dicht besetzt. Und er schwärmte:

„Von unseren diplomatischen Vertretern im Ausland hat keiner einen besseren oder mannigfaltigeren Spielraum als der glückliche Botschafter Ihrer Majestät in Wien. Ohne seinen eigentlichen Dienstposten zu verlassen, kann er einige der schönsten Regionen Mitteleuropas bereisen. Leider ist der Botschafter im allgemeinen durch seine Verpflichtungen zu sehr gebunden, um die vielen Reize seiner diplomatischen Domäne in ihrer ganzen Fülle zu entdecken. Jedenfalls hatte *ich* selbst kaum Gelegenheit dazu.“

Eine der schönsten Villen Hietzings. Im Sommer liebte Sir Horace den Zauber der alten Wiener Vororte

Wie ein Nachklang aus Rumbolds unbeschwerteren Attachéjahren muten seine Schilderungen der Atempausen an, die er am liebsten draußen in der Natur verbrachte, inmitten von Bildern und Stimmungen, die gleich ihm viele Ausländer des 19. Jahrhunderts gesehen, empfunden und gepriesen hatten.

„Selten war ich in der Lage, Wien vor dem August zu verlassen, um welche Zeit es in noch stärkerem Maß als andere Hauptstädte förmlich ausgestorben war. Sogar die Kleinbürger und die Kaufleute suchten vor der Hitze und dem Staub Zuflucht in den zahllosen Villen und Landhäusern an den Hängen des zauberhaften Wienerwaldes oder in hübschen Vororten wie Hietzing, Dornbach und Neuwaldegg, mit dem fröhlichen Treiben in den Gartenwirtschaften, wo ein künftiger Lanner oder Strauß eine flotte Kapelle dirigierte. Die Umgebung dieser großen Stadt ist wahrhaftig heiter und lieblich, um sie anders als in Lokalzügen zu erreichen, muß man allerdings durch weitläufige, häßliche Bezirke fahren, über holpriges Pflaster, gekerbt von Straßenbahngeleisen, eine harte Probe für die Pferdehufe und die Gummiräder des Wagens."

„Nirgends erkennt man die Schönheiten des Wiener Umlandes besser als von den Höhen des Kahlenberges. Da liegt die große Stadt vor einem ausgebreitet, bis an den Rand der Hügelketten des Wienerwaldes, dahinter fern die Alpen, und über die unzähligen Dächer ragt der majestätische Turm von St. Stephan empor. Bis auf den breiten Gürtel von Vorstädten rund um die nun ihrer Basteien ledige Innere Stadt und die vielen Fabriken, welche die Randzonen entstellen, ist der Anblick noch immer ziemlich der gleiche, der sich vor ihrem siegreichen Angriff auf die türkischen Belagerer dem König Johann Sobieski und den anderen Feldherren bot, als der polnische Held, der auch ein Pantoffelheld war, in einem Brief seiner ‚Marysienka' mitteilte, er habe an jenem Abend im Zelt Kara Mustaphas gespeist."

„Mein Kollege Conte Nigra nahm zumeist auf jenem oftbesuchten Berg seinen Sommersitz, und eines Tages führte er, der Nestor der Diplomaten, mich zu einer abseitigen Stelle inmitten wuchernden Gestrüpps und zeigte mir das Grab des gefeierten Feldmarschalls Fürst von Ligne, der 1814 als Achtzigjähriger während der glanzvollsten Zeit des Wiener Kongresses starb und den Wunsch geäußert hatte, im Anblick der Stadt bestattet zu werden, die er so sehr liebte Ich erinnerte mich daran, daß meine Tanten in Gesprächen mit mir ihn als eine der Zelebritäten erwähnt hatten, denen sie bei jener geschichtlich bedeutsamsten diplomatischen Versammlung begegnet waren – keine alltägliche Verbindung zur Vergangenheit, wenn man bedenkt, daß der alte Marschall eindreiviertel Jahrhunderte vor dem Zeitpunkt geboren wurde, zu dem diese Zeilen geschrieben werden . . ."

„Wenn wir schließlich Ferien machten, begannen wir sie in Marienbad, wohin wir schon seit einigen Jahren regelmäßig aus Den Haag gereist waren. Von den verschiedenen Kurorten, die ich kenne, ist es dieser, dem ich entschieden den Vorzug gebe. Als ich ihn zum erstenmal besuchte – ich glaube 1892 – war er noch ganz einfach und unkonventionell. Aus den Scharen, die geduldig in einer Reihe dem Kreuzbrunnen zustrebten und danach unverdrossen die Promenade auf und ab pilgerten, sind mir kaum ein halbes Dutzend Personen britischer Nationalität im Gedächtnis geblieben."

„Im selben Jahr erneuerte ich auch meine seit mehr als vier Dezennien bestehende Bekanntschaft mit Fürst Paul Metternich. Königswart, das Metternichsche Schloß mit seinen schattigen Gartenanlagen, in denen ein Obelisk als Wahrzeichen an einen Besuch des Kaisers Franz bei seinem Staatskanzler erinnert, und der nun geöffnete und zum Teil in Baugründe umgewandelte angrenzende Tiergarten, waren immer ein gastfreier Aufenthaltsort für Besucher Marienbads."

Sir Horace tat gut daran, sich im Wienerwald und in Böhmen zu erholen, denn der Herbst 1897 sollte seine konzentrierte Aufmerksamkeit erfordern, wenn auch bloß in der Rolle des unparteiischen Beobachters.

6.
Zeuge einer Wendephase (1898–1899)

Seit Ende September 1895 war der vom Kaiser bereits als Statthalter Galiziens favorisierte Graf Casimir Badeni, ein polnischer Aristokrat aus ursprünglich italienischem Geschlecht, österreichischer Ministerpräsident. Mit seinem Namen verbindet sich die historische Erinnerung an die schwerste politische Krise der Monarchie des ausklingenden 19. Jahrhunderts, die 1897 in parlamentarischen Herbststürmen, den sprichwörtlich gewordenen „Badeni-Krawallen", voll zum Ausbruch kam. Die Auseinandersetzungen erreichten eine solche Schärfe, spielten sich in so gehässiger, unwürdiger Weise ab, daß Franz Joseph, der strikte Wahrer der Formen und der ritterlichen Maximen, in äußerster Mißbilligung derartiger Exzesse brieflich von dem „mehr als gemeinen Tone des hohen Reichsrathes" sprach. Im Verlauf dieser Ereignisse wurde sogar ein regelrechtes Duell ausgetragen. Der deutschnationale Abgeordnete Karl Hermann Wolf hatte sich im Wortwechsel mit Badeni zu dem Ausruf „polnische Schufterei" hinreißen lassen, eine öffentliche Beleidigung, auf welche der Graf nach dem Ehrenkodex seines Standes mit einer Forderung reagierte. Die Sache ging glimpflich ab, Badeni wurde von seinem Gegner bloß am Arm verletzt.

Diese staatspolitischen Erschütterungen und heftigen Fehden, die sich an den „Sprachenverordnungen" des Ministerpräsidenten und somit an der Problematik der Nationalitäten entzündeten, sind in der österreichischen Geschichtsschreibung immer wieder dargestellt und beleuchtet worden. Aber auch Rumbold meldet sich in seinen Memoiren zu dem Thema ausführlich zu Wort, wobei ihm seine Stellung als Österreich durchaus freundich gesinnter, aber doch ausländischer Betrachter die nötige Distanz zu den Dingen ermöglichte.

„Da die Unruhen im Nahen Osten, die in Wien und anderswo so viel Besorgnis hervorgerufen hatten, nun abgeebbt waren, durfte man aller vernünftigen Voraussicht nach einen politisch ruhigen Herbst erwarten. Aber damals kam es zu jenem parlamentarischen Zusammenbruch in Österreich, der solch katastrophale Folgen für die Gesamtmonarchie zeitigte. Die unausweichlichen Auswirkungen dieser Krise auf die Beziehungen zwischen Cisleithanien und Ungarn offenbarten deutlich die Mängel und Gefahren des dualistischen Systems, das so zutreffend und bildhaft in der anklagenden Formulierung ‚ein Geier, der an den Eingeweiden des Reiches nagt' charakterisiert wurde."

„Es wäre unmöglich, in gebotener Kürze die Genesis der Schwierigkeiten zu schildern, mit denen Österreich-Ungarn belastet ist, doch eine rasche Rekapitulation scheint unerläßlich. Im Frühjahr hatten auf Grund eines von Graf Casimir Badeni während der letzten Legislaturperiode durchgesetzten neuen Wahlrechts allgemeine Wahlen stattgefunden."

Das war zwischen dem 4. und dem 24. März 1897 geschehen. Danach ergab sich im Abgeordnetenhaus folgende Mandatsverteilung: 49 Deutsch-Fortschrittliche, 41 Deutsch-Klerikale, 39 Deutsche Volkspartei, 28 Christlichsoziale, 26 verfassungstreue Großgrundbesitzer, 14 Sozialdemokraten, 62 Jungtschechen, 59 Polenklub, 23 Feudale, 16 Slowenen, 14 liberale Italiener, je 11 Ruthenen und Kroaten und 5 Schönerianer.

Folgenschwere Tour de force

„Die gute Verwaltung seiner Heimat Galizien hatte Badeni das Vertrauen des Kaisers gewonnen. Diesem Ministerpräsidenten polnischer Abstammung fiel die Aufgabe zu, im Reichsrat den sogenannten Ausgleich zu bewerkstelligen, d. h. den wirtschaftlichen Komplex des grundlegenden Abkommens mit Ungarn aus dem Jahr 1867. Nach einer verfehlten Bedingung jener Vereinbarung muß der Ausgleich in Abständen von jeweils zehn Jahren erneuert und, wenn nötig, revidiert werden, womit die wichtigsten Interessensphären beider Länder periodisch einer bedenklichen Anspannung unterworfen werden. Für die Durchsetzung des Ausgleichs hatte Graf Badeni auf die Wiederwahl und Hilfe bestimmter Elemente gezählt, teils Konservative, teils Liberale, also auf ein ähnliches Schwergewicht, wie es vordem im Abgeordne-

Ministerpräsident Casimir Graf Badeni, der umstrittenste Mann der großen Parlamentskrise

tenhaus gegeben war und sechs Jahre lang die geregelte Arbeit des parlamentarischen Apparates gewährleistet hatte."

„Doch die allgemeinen Wahlen brachten eine völlig veränderte Zusammensetzung der Vertretung. Die wiedergewählten Deutschen bildeten nicht mehr einen ziemlich kompakten Block, sondern waren in Gruppierungen mit getrennten, mehr oder minder fortschrittlichen Programmen aufgespalten. Auch bei den tschechischen Parlamentariern waren wesentliche Verschiebungen erfolgt, es dominierte die Jungtschechische Partei mit ihren extrem nationalen Bestrebungen. Die Chancen, daß sich die Regierung bei der allerwichtigsten Frage des Ausgleichs auf eine entsprechend große Majorität würde stützen können, erschienen so zweifelhaft, daß der Ministerpräsident den Rücktritt erwog, der Kaiser aber wollte nicht auf seine Dienste verzichten."

„Im Herbst (1896) vor den allgemeinen Wahlen hatte Badeni in Voraussicht der zu gewärtigenden Schwierigkeiten einen kühnen Schachzug gewagt, um sich die Schützenhilfe der unzufriedenen Tschechen zu sichern, und zwar durch die Einbringung der so katastrophal denkwürdigen Sprachenverordnungen. (Erlaß am 5. April 1897) Gemäß diesen Bestimmungen war für alle Staatsbeamten in Böhmen und Mähren die Kenntnis des Tschechischen wie des Deutschen erforderlich und waren in diesen Ländern beide Sprachen bei allen Angelegenheiten der Justiz und der Verwaltung gleichberechtigt. Die Wahlen hatten in einem Klima der Erregung stattgefunden, bei den böhmischen und den anderen Deutschen durch eine Maßnahme hervorgerufen, welche sie entschieden ablehnten. Als das Parlament im April zusammentrat, verlegten sich diese Kräfte sofort auf Obstruktionstaktiken und stellten den Antrag auf Erhebung der Anklage gegen die Minister, mit der Begründung, diese hätten die Verfassung verletzt, indem sie ohne Sanktion des Parlaments die Sprachenverordnung unterschrieben hatten. Tumultarische Szenen folgten, und im Juni (am 22.) wurde die Session abrupt geschlossen."

Ein „skandalöser Anblick"

„Im November wurde der Reichsrat wieder einberufen. Den ganzen Sommer und Herbst hindurch hatte sich Graf Badeni bemüht, auf dem Weg privater Verhandlungen eine Verständigung zwischen den einander befehdenden Tschechen und Deutschen zu erreichen. Die darauffolgenden Ereignisse sind sattsam bekannt. Vorfälle von einer bisher noch nie gekannten Drastik entwürdigten das Unterhaus der österreichichen Legislative, als Wortführer dabei agierten mehrere alldeutsche Abgeordnete, an ihrer Spitze der notorische Schönerer und Wolf. Diese peinlichen Episoden, welche das österreichische Abgeordnetenhaus für einige Zeit zur Zielscheibe des Spottes in anderen Parlamenten machten, schilderte anschaulich der eigenwilligste der amerikanischen Humoristen, Mr. Clemens, der sich damals länger in Wien aufhielt. (Mark Twain, ‚The Man That Corrupted Hadleyburg and other Stories and Sketches'). "

„Ich selbst war bei der denkwürdigen Sitzung anwesend, als

der Antrag des Grafen Falkenhayn eingebracht wurde, mit dem Ziel, dem Präsidenten eine wirksame Handhabe zu bieten, um Abgeordnete wegen ungebührlichen Benehmens zur Ordnung zu rufen. Unter den gegebenen Bedingungen hatte der Präsident keinerlei Disziplinargewalt. Die ‚Lex Falkenhayn' eröffnete dem Vorsitzenden die Möglichkeit, Abgeordnete, die bereits zweimal zur Ordnung gerufen wurden, für drei Tage auszuschließen, dieser Ausschluß konnte, wenn nötig, auf dreißig Tage verlängert werden. Nie werde ich den skandalösen Anblick vergessen, den der Saal bot. Sofort wurde die Resolution mit der Mehrheit des Hauses angenommen, en masse standen die Abgeordneten von ihren Sitzen auf und erhoben zum Zeichen ihrer Zustimmung die Hand. Indessen schleuderten die wütenden Vertreter der extremen Linken dem Präsidenten die wüstesten Schmähungen und Verwünschungen entgegen, unter ohrenbetäubendem Lärm von Kindertrompeten, Straßenbahnpfeifen und Pultdeckeln. Am nächsten Tag folgten ein Sturm auf das Podium des Präsidenten und handgreifliche Auseinandersetzungen zwischen Deutschen und Slawen. Das Abgeordnetenhaus war wahrhaftig in einen wilden Taumel geraten, der dem Wahnwitz nahekam!"

In einem grotesken Voltenschlag galt „Viribus Unitis", die bekannte Devise des Kaisers, hier also für die vereinten Bemühungen von Mandataren, mit gleicherweise aggressiven und kindischen Mitteln Turbulenzen zu erzeugen, eine österreichische Tragikomödie zu inszenieren, in der sich die Lage „hoffnungslos, aber net ernst" gestaltete . . .

„Die entfesselten Leidenschaften breiteten sich bis auf die Straße aus, und einige Tage stand Wien am Rand einer Volkserhebung. Die Lage bot ein so ernstes Bild, daß der Kaiser, der mit der für ihn charakteristischen Loyalität bis zuletzt zu seinem Ministerpräsidenten gestanden hatte, schließlich dessen Demission billigte. Der bedenklichste und am meisten diskreditierende Zug der Bewegung innerhalb und außerhalb des Parlaments war ihr durch und durch illoyaler, alldeutscher Charakter. Man kann mit Recht sagen, daß der Sturz des Grafen Badeni – der ehrlich, wenn auch ohne Geschick ein neuerliches Einverständnis zwischen den Deutschböhmen und den Tschechen angestrebt hatte – von den entlarvenden Klängen der ‚Wacht am Rhein' und des

Turbulenzen im Hohen Haus wegen der „Sprachenverordnungen“. Schließlich mußte sogar die Polizei eingreifen

‚Bismarck-Liedes‘ begleitet wurde. Dennoch ist die persönliche Beliebtheit des Kaisers zum Glück so groß, daß er, wie ich mich erinnere, unmittelbar nach dieser Zeit der Stürme und des Aufruhrs besonders spontan bejubelt wurde, als er in der schönen Votivkirche – zum Dank für seine Rettung vor dem Attentat des Jahres 1853 errichtet – am Leichenbegängnis des österreichischen Seehelden Admiral Sterneck teilnahm.“

„Die eingehende Darstellung der Ursprünge jener Schwierigkeiten, mit denen sich Österreich seither auseinanderzusetzen hat, konnte kaum ausgelassen werden, und zwar wegen der direkten Zusammenhänge mit der viel bedeutsameren Frage der Beziehungen zu Ungarn. Fürst Bismarck soll 1866 in seiner begreiflichen Freude über einen verheißungsvollen Triumph gesagt haben, fortan werde sich der Schwerpunkt des österreichisch-ungarischen Reiches immer mehr in Richtung Pest verlagern müssen. Die soeben geschilderte Krise gab der vom Eisernen Kanzler prophezeiten Entwicklung einen erheblichen Impetus. Österreichs ernstliche Behinderung infolge interner Fehden und des – wenn auch kurzfristigen – parlamentarischen völligen Zusammenbruchs, bot, wie nicht anders denkbar, Ungarn günstige Möglichkeiten. Auf jeden Fall mußt man in Wien in steigendem Maß mit Ungarn rechnen. Mit dem wachen politischen Instinkt, der dieses Volk auszeichnet, bekundeten die Magyaren gleichzeitig dem Herrscher ihre Verehrung, und wenn dieser in sein ungarisches Königreich kam, bereiteten sie ihm immer einen herzlicheren Empfang, als er es von den weniger spontanen Wienern gewohnt war."

„Unberührt davon gediehen die hochgespannten Ambitionen der Ungarn weiter, wiewohl sie sich unter der klugen Führung von Staatsmännern wie Bánffy und Széll in gebührenden Grenzen hielten. Zu bestimmten Zeiten trugen die vernünftigen Ratschläge der Pester Regierung sogar unstreitig dazu bei, der österreichischen Exekutive in parlamentarischen Zwangslagen Hilfe zu leisten, und im Herbst 1900, als ich Wien für immer verließ, hatte Ungarn einen legitimen Einfluß erlangt, der es nicht nur zum gewichtigen Partner im Reich machte, sondern auch – soweit dies zu beurteilen war – zu dessen fester Stütze. Die bedauerliche Wendung, welche die Ungarn-Frage seither nahm, liegt außerhalb dieser Betrachtungen. Doch angesichts der Gefahren, welche der großen Monarchie, dem Mittelbogen des europäischen Gefüges, dadurch drohen, ist es nur recht und billig, sich vor Augen zu halten, daß die Ursache des Übels weitgehend in jenen bösen Tagen zu suchen ist, die eine Gruppe von Demagogen über

Österreich heraufbeschwor. Von Anfang an mit dem bewußten, unverhohlenen Ziel, die Donaumonarchie zu zerstören und alldeutsche Pläne zu verwirklichen. Mit gutem Grund konnte der berühmte Tschechenführer Kramarz einst ausrufen: ‚Avant tout il faut sauver l'Autriche!'"

Schätze im Albrechts-Palais

„Das ereignisreiche Jahre 1897 hatte unter dem schmerzlichen Eindruck des parlamentarischen Wirbelsturms geendet, doch mit dem Neujahr sahen die leichtlebigen Wiener schon dem Regierungsjubiläum des Kaisers entgegen, für das überall vielfältige Vorbereitungen einsetzten."

„In jenem Winter fehlte es nicht an Äußerungen der Lebensfreude. Erzherzog Friedrich gab einen glanzvollen Ball in dem Palais, das er von seinem Onkel, Erzherzog Albrecht, geerbt hatte, dem Sieger von Custozza, dessen Reiterstandbild, während meiner Wiener Amtszeit errichtet, hoch oben auf der Augustinerbastei steht. Außer der unendlich kostbaren, als ‚Albertina' bekannten Sammlung von Zeichnungen Rafaels, Dürers, Rembrandts und anderer Meister birgt dieses Palais reichen Bestand an wunderschöner Einrichtung aus dem 18. Jahrhundert, Merkwürdigkeiten und Kunstwerken, die von jenem eminenten Sammler und ‚conoscente', dem Herzog Albert von Sachsen-Teschen, auf den gegenwärtigen Besitzer kamen."

„Nicht wenige dieser Werte hatte eine frühere Generation als Gerümpel in Dachkammern verbannt, wo Erzherzogin Isabella die Stücke entdeckte und dafür sorgte, daß sie wieder in Verwendung genommen wurden. Solche schönen Dinge und einige interessante Gegenstände aus dem Nachlaß seines anderen kriegerischen Vorfahren, des Siegers von Aspern, zeigte mir damals Erzherzog Friedrich persönlich. Er führte mich durch die Räume und spielte dabei auf die liebenswürdigste Weise den ‚cicerone'."

Mangelnde Pietät den ererbten Schöpfungen hoher Raumkunst des 18. Jahrhunderts gegenüber, wie sie Rumbold hier kurz andeutet, war in Wien und auf den im Zeitstil umgebauten Landschlössern während der Aufschwungsphase des

Historismus gar keine Seltenheit. Der namhafte Historiker Jean de Bourgoing, seiner Herkunft nach Franzose, durch Umwelt und Erziehung zum Österreicher geworden – und zufällig als Bewohner des Bourgoing-Palais, Metternichgasse 8, direkter Nachbar der Britischen Botschaft! – berichtet davon in seinen Jugenderinnerungen. „Rokoko" im Sinn eines vagen, laienhaften Sammelbegriffes für Barock, Theresianisches, Josefinisches, Louis Quinze und Louis Seize, stand Anno Makart in keinem besonderen Ansehen. Möbel, Hausrat und Bilder aus jenen Epochen kamen gleichsam ins Ausgedinge, als Einrichtung für die Zimmer des Personals, oder wurden in Bausch und Bogen zu lächerlich geringen Preisen verkauft. Manche Händler verlegten sich darauf, die Herrensitze, wo „Altertümer" zu holen waren, nach Hausierermanier „abzuklappern" (ganz ähnlich wie vor wenigen Jahrzehnten die systematischen Aufkäufer bemalter und geschnitzter Bauernmöbel die Dörfer!). Nutznießer solcher Schleudergeschäfte waren letztlich die wenigen kundigen Sammler, sie konnten Antiquitäten günstig erstehen, ehe die Baisse dieses Kunstmarktes in die Hausse umschlug.

Ball im Rathaus

„Ein bemerkenswertes Ereignis des Wiener Winters ist der große Ball der Stadtverwaltung im prächtigen Rathaus, immer in Anwesenheit des Monarchen, auch die meisten Mitglieder des Diplomatischen Corps sind zugegen."

1898 insofern besonders bemerkenswert, als Karl Lueger in seiner hart erkämpften Würde des Bürgermeisters von Wien erstmals als Hausherr die Gäste willkommen hieß. Lueger war, wie wir im folgenden sehen werden, einer der ganz wenigen Österreicher, die Sir Horace zu herber Kritik herausforderten, und zwar wegen der zweifellos demagogischen Mittel, deren sich dieser hervorragende Kommunalpolitiker als Liebling seiner kleinbürgerlichen Wählerschaft bediente. Dies und vor allem die vulgär vorgetragene Feindseligkeit gegen die Juden stieß den kultivierten Briten ab. Darin traf sich Rumbold mit Kaiser Franz Joseph, der, bisweilen um ironische Pointen nicht verlegen, in Anspielung auf die

Hauptstoßrichtung der Christlichsozialen den Ball der Stadt Wien „dieses antisemitische Fest“ nannte.

„In jenem Jahr waren wir unter den Gästen, und nach den Begrüßungen im Empfangssaal bildete sich ein Zug zum Ballsaal. Der Kaiser reichte der ältesten Botschaftersgattin den Arm, in diesem Fall der Gräfin zu Eulenburg, während der Herzog von Cumberland (aus der 1866 von den Preußen exilierten und seither in Österreich lebenden Königsfamilie Hannovers) an die Seite meiner Frau trat. Die anderen hohen Persönlichkeiten fanden sich mit den übrigen Damen zu Paaren. Als die Ehrengäste ihren Einzug hielten, waren die Spitzen des Kommunalwesens samt Gattinnen bereits auf der großen Estrade an der Stirnwand der schönen hohen, gotisch gewölbten Halle versammelt. Deutlich sichtbar, in Begleitung seiner hübschen Gemahlin, Alois Prinz Liechtenstein, nun ein prominenter Führer der antisemitischen Partei, deren voll Gehässigkeit aktives Oberhaupt Bürgermeister Dr. Lueger ist.“

„Bei Anlässen wie diesem konnte man feststellen, wie eng der Kaiser mit allen Schichten seiner Untertanen in Berührung bleibt. Geduldig machte er die Runde bei den Gattinnen der höheren Mitglieder des Stadtrates, wußte fast immer prompt ihre Namen, befragte sie heiter und ungezwungen nach ihren jeweiligen beruflichen Verhältnissen. Etwa um elf Uhr empfahl sich die Hofgesellschaft, wohl zur Erleichterung des kürzlich ernannten Bürgermeisters, dessen Wahl der Monarch viermal die Bestätigung verweigert hatte.“

Budapester Impressionen

„Gegen Ende Februar erhielten alle Chefs de Mission inoffiziell die diskrete Mitteilung, der Kaiser werde für den Abschluß des Faschings nach Budapest reisen und würde sich freuen, wenn während seines Sejours auch die Botschafter dort anwesend wären. Wir ließen Zimmer im Hotel ‚Hungaria‘ reservieren und fuhren am Vorabend des Großen Balls in der Ofener Hofburg ab, in dem Zug saßen fast lauter Diplomaten-Kollegen. Der Ball war eine strahlende Fête, welcher die malerischen Festtrachten der Magnaten und die außerordentliche Schönheit vieler ihrer Gemahlinnen besonderen Glanz verliehen. Ein hinreißendes Schauspiel, das einzige Nachteilige daran war für meine Begriffe der monotone, ungraziöse Csárdás, der im Verlauf des Abends fast ständig getanzt wurde und dessen wilde, halborientalische Klänge für die Ohren von Ausländern sehr ermüdend wirken."

„Damals sah ich Budapest zum erstenmal. In seiner herrlichen Lage am Strom erscheint es wie geschaffen, den Mittelpunkt eines Reiches zu bilden. Von den Ofener Bergen aus betrachtet, sind die Ausmaße der Stadt mit den neu hinzuwachsenden Bezirken, den langen Boulevards und den Ausläufern in grenzenlose Ebenen typisch für die Ambitionen eines edelsinnigen, phantasievollen Volkes. Was ich den Magyaren nicht ganz verzeihen kann, ist ihr Drang, in dem eifersüchtigen Bestreben, ihre Nationalität zu wahren, die Verwendung einer Sprache, die wie das Finnische und das Baskische keinerlei Verwandtschaft mit den anderen Sprachen des europäischen Kontinents aufweist, bis zum Extrem zu treiben. Das gilt z. B. für die ausschließlich ungarischen Aufschriften in Eisenbahnzügen und auf Bahnhöfen, Hieroglyphen, mit denen sich ausländische Reisende nicht zurechtfinden. Dies erscheint als eine fast kindische Methode, nationale Eigenständigkeit hervorzukehren. Die völlig isolierte Fremdheit der ungarischen Sprache bedeutet natürlich ein enormes Hindernis für die Assimilation zwischen den etwa neun Millionen echter Magyaren und der ungefähr gleichen Zahl ihrer Mitbürger deutschen, slawischen und rumänischen Stammes. Fast gewinnt man den Eindruck, es sei das Ziel der Ungarn, das Reich der heiligen Stephanskrone in ein streng gehütetes Reservat oder in eine Art Insel inmitten Europas zu verwandeln. Doch da diese nicht von einem schützenden Meer umgeben ist, sondern auf allen Seiten von anschwellenden slawischen und deutschen Fluten, erscheint die kühne und bis zu einem gewissen Grad romantische Vorstellung mit den Erfordernissen einer vernünftigen, vorausschauenden Politik kaum vereinbar."

„Im großen und ganzen waren wir von unseren Eindrücken in Budapest und von der Liebenswürdigkeit, die man uns dort erzeigte, so entzückt, daß wir im Mai wiederkehrten, zu den Pferderennen, für welche die ungarische ‚beau monde‘ auf einige Wochen in die Stadt kam. Um diese Jahreszeit, bevor die Sommerhitze einsetzte, war Budapest am schönsten.“

„Wir befreundeten uns mit der Familie des Grafen Ludwig Apponyi, der ungarischer Obersthofmarschall war, und hielten uns im Juli einige Zeit in Nagy Appony auf, dem alten Sitz des Geschlechtes im Komitat Neutra. Dort, in einer angenehm gegliederten Landschaft in den ersten Vorgebirgen der Karpaten und unweit der Ruinen jener historischen festen Burg, von welcher sich sein Name herschreibt, besaß der Graf weitläufige wildreiche Waldungen, in denen auch ein Rudel jener seltenen Tierart der Mufflons oder Wildschafe stand, die sonst in Europa nur auf Sardinien und Korsika vorkommen.“ (Mittlerweile wurden sie auch in Österreich jagdbares Wild). „Im Kreis der Familie Apponyi führten wir ein stilles, idyllisches Leben, die Vormittage verbrachten wir in der großen Bibliothek, wo eine bemerkenswerte Autographensamlung und alte Familiendokumente aufbewahrt wurden, darunter die gesamte Korrespondenz des Grafen Rudolf Apponyi, den ich übrigens im Haus meiner Tante Baronin Delmar gekannt hatte. Die Briefe waren aus der österreichischen Botschaft in Paris an seine Mutter gerichtet und gaben, Tag für Tag, lebendige Schilderungen des französischen Hofes und der Gesellschaft vor und nach der Revolution des Juli 1830, durch die König Karl X. vom Thron vertrieben wurde. Gräfin Apponyi nahm sich viel Zeit, um mir diese Schriftstücke zu zeigen, die wirklichen historischen Wert besitzen und eine Veröffentlichung verdienen würden.“

Mit dieser Erwägung sollte Sir Horace recht behalten. Man würdigte die Bedeutung der unmittelbaren Einsicht und Augenzeugenschaft des Grafen Rudolf Apponyi als Beitrag zur Geschichte der 1. Hälfte des 19. Jahrhunderts. Seine Briefe erschienen als Buch unter dem Titel „Vingt-cinque ans à Paris (1826–1850)“ im französischen Originaltext 1913 in Paris, herausgegeben von Ernest Daudet.

Die aufrichtigen freundschaftlichen Gefühle der Ungarn den Engländern gegenüber, mit dankbaren Seitenblicken in die Vergangenheit, in die Londoner Tage Kossuths, äußerte sich in der Form einer menschlichen „Entente Cordiale“. Besondere Sympathien für Briten und britische Art hegte der ungarische Landadel, der sich als Standesgruppe sogar die Bezeichnung „Gentry“ beilegte, ein Wort, das all die Dezennien bis heute in Ungarn geläufig blieb. Ja, während der Franz-Josephs-Ära hatte Ungarn den Ruf des europäischen Landes, in dem Engländer die beliebtesten Fremden waren und schon bloß wegen ihrer Nationalität mit offenen Armen empfangen wurden. Der weitgereiste William Beatty-Kingston sah den Grund dafür in einigen Übereinstimmungen zwischen den „upper-classes“ beider Völker: dem Interesse für Innenpolitik und der Passion für den Reitsport und die Jagd. Als typische Charakterzüge der Magyaren wurden englischerseits Tapferkeit, Beharrlichkeit, Gastfreundlichkeit und Freiheitsliebe gerühmt. Die britische Armee, so hieß es, könnte sich nach militärischen Gesichtspunkten – sotto voce: im Fall eines bewaffneten Konflikts mit Rußland – keinen mutigeren und zuverlässigeren Verbündeten wünschen als den ungarischen Soldaten.

Kronprinz Rudolf Redivivus – als Revolutionär

Im Zusammenhang mit seinen Exkursionen nach Ungarn kam Rumbold auch auf Zeiterscheinungen zu sprechen, an denen ihn selbst wohl nicht so sehr die politischen Tendenzen als vielmehr die romanhaften Umstände und die Reaktionen der Volkspsyche interessierten. Ende der 1890er Jahre bestand eine sozialistische Agrarbewegung, ihr Führer war der Herausgeber einer in Budapest redigierten radikalen Zeitung mit dem Titel „A Földmüves“ (Der Landarbeiter).

„Seltsame, aber verbürgte Geschichten wurden über diesen Mann erzählt. Er habe Gespräche zwischen Deputationen der arbeitenden Landbevölkerung und Personen vermittelt, die kühn als Regierungsmitglieder auftraten. In einem Fall, wie verlautet, posierte jemand sogar als der Herrscher selbst. Noch merkwürdiger klangen die sich rasch verbreitenden

Berichte über einen anderen Mann, der durch abseitige Gegenden zog, sozialistische Thesen verkündete und sich als Kronprinz Rudolf ausgab. Man habe ihn für tot gehalten, in Wahrheit aber sei er wegen seiner liberalen Ansichten von seinem Vater eingekerkert worden. Nachdem ihm schließlich die Flucht geglückt sei, weihe er sich nun dem Wirken für die Unterdrückten. Solche Geschichten konnten nur bei einem rückständigen Landvolk wie dem ungarischen plausibel sein. Etwa so, wie die unwissenden Bauern Südrußlands die Legende, Zar Alexander I. sei gar nicht in Taganrog gestorben, sondern seinen Feinden entsprungen und habe das Recht der Leibeigenen auf den von ihnen bestellten Boden verfochten, noch viele Jahre nach dem Ableben des Alleinherrschers glaubten."

Diese Schwindlerepisode ist nur eine der Facetten des in der einschlägigen Literatur oft erörterten Kronprinz-Rudolf-Mythos und berührt eine irrationale, phantasiebetonte Beziehung des einfachen Menschen zu dem geheimnisvoll Entrückten. Wenn das Tatsächliche zu hart eingreift und Hoffnungen unbarmherzig knickt, dann spinnt die Einbildungskraft ihre Fäden an der Wirklichkeit vorbei, zieht die Fakten in Zweifel. Eine solcher märchenhafter Spekulationen wurde z. B. bei Kriegsausbruch 1914 laut. Da hieß es, jetzt, ja jetzt werde der Kronprinz endlich aus seiner mysteriösen Verbannung zurückkehren und an der Spitze des Heeres gegen die Feinde zu Feld ziehen. Die Wurzeln derartiger mythischer Vorstellungen – immer wieder auf faszinierende Persönlichkeiten übertragen, so auch auf den erschossenen Maximilian von Mexiko – reichen weit in die Vergangenheit, bis zu der Sage von dem im Untersberg schlafenden Kaiser Friedrich Barbarossa. Dahinter verbirgt sich stets der Wunsch, der Held möge nicht gestorben sein . . .

Ein Schloß in Galizien

Eine der typischen gesellschaftlichen Gepflogenheiten des Adels bestand, wie in den Autobiographien nachzulesen ist, in wechselseitigen Einladungen auf die Güter. Immerhin war man in vielfachen Verzweigungen miteinander verwandt und verschwägert, festigte durch solche regelmäßige Kontakte den inneren Zusammenhalt der politisch und wirtschaftlich vom Bürgertum immer weiter in die Rundumverteidigung gedrängten Schichte. Manche hochgeborene Herrschaften entwickelten sich auf diese Weise förmlich zu aristokratischen Nomaden zwischen den Schlössern in Österreich, Böhmen, Mähren und Ungarn. Außenstehenden wurde äußerst selten die Weihe der gastlichen Aufnahme zuteil. Rilke war so ein Fall, dank seines Geistesadels. Unter den in Wien akkreditierten Diplomaten hatten wohl wenige den Vorzug, ganz selbstverständlich „dazugezählt" zu werden wie Sir Horace und Lady Louisa. Nicht bloß Rumbolds Stellung als Repräsentant einer Weltmacht gab dafür den Ausschlag, auch nicht sein Wesen als vollendeter Gentleman. All dies bot lediglich die Voraussetzung. Es mochte vielmehr an seiner Ausstrahlung von Kultur und Noblesse des „Alten Europa" vor 1848 liegen, an seiner pariserischen Erziehung im Klima der „beau monde". Er war ein Herr aus der damaligen Welt von Gestern. Wie sein Altersgenosse Kaiser Franz Joseph. So gesehen offenbart der früher geschilderte Gang zum Grab des glückseligen Fürsten de Ligne auf dem Kahlenberg tiefere innere Zusammenhänge mit jener Schlüsselfigur des Ancien Règime, von welcher dem jungen Horace seine Tanten einst erzählt hatten. Der Zufall, oder was man so nennt, mag vieles bewirken, dort, auf dem Kahlenberg aber, gab er einem Moment wahrer traditio Raum.

Etwas von dieser Atmosphäre wird spürbar, wenn Rumbold über den Aufenthalt in einem galizischen Schloß erzählt, an einem Punkt, wo sarmatisch abgewandeltes Westeuropa mit dem Milieu der Romane Joseph Roths verschmolz.

„Einen sehr genußreichen Besuch statteten wir Graf und Gräfin Roman Potocki in Lançut ab, auf halben Weg zwischen Krakau und Lemberg. Nach zehnstündiger Reise von Wien wurden wir auf der Bahnstation von unserem Gastgeber begrüßt und in einem hocheleganten ländlichen Wagen zum Schloß gefahren, einem uralten quadratischen Bau von imponierender Größe, zum Teil umgeben von ursprünglichem, nun ausgetrocknetem und mit Gras bewachsenem Sumpf und herrlichen Alleen. Lançut, eine der an historischen Überlieferungen reichsten Domänen Polens, kam von den Ljubomirskis

Auf dem galizischen Schloß Lançut war Rumbold bei Graf Potocki in der Welt der Romane Joseph Roths zu Gast

an die Familie Potocki, es ist voll von Erinnerungen an eine berühmte Princesse Ljubomirska, eine exzentrische, sehr kleingewachsene Dame, genannt ‚la petite Maréchale', die zu Ende des 18. Jahrhunderts großen Einfluß auf die polnische Gesellschaft ausübte und deren Räume noch immer sorgsam genauso bewahrt werden, wie zu den Zeiten, als sie darin wohnte. Die Einrichtung dieses weitläufigen Adelshauses und die damit verbundenen Traditionen sind ungemein interessant, da sie in so enger Beziehung zu der gesamten Geschichte Polens stehen."

„Die langen gewölbten Korridore, niedrigen Decken und fast mittelalterlich wuchtigen Mauern würden düster wirken, wäre nicht ein Element von modernem Luxus und Komfort, das die gegenwärtigen Besitzer hinzufügten. Außer zahlreichen Repräsentations- und Wohnräumen gibt es dort eine Kapelle, ein Schloßtheater und nicht weniger als dreizehn komplette Appartements für Gäste, jedes aus einem Wohnzimmer, zwei Schlafzimmern sowie eigenen Ankleide- und Baderäumen bestehend. Der ‚train de maison' in Lançut ist in der Tat von fürstlichem Gepräge. Doch trotz des modernen Raffinements hat der gesamte Besitz ein deutlich feudales Air, durch das man sich in die Zeiten der glanzvollen, halbbarbarischen Lebensweise der großen polnischen Adeligen zurückversetzt fühlte, deren gesellschaftliche und politische Extravaganzen in so hohem Maß dazu beitrugen, das vielleicht faszinierendste und farbigste der alten Königreiche zugrunde zu richten. Der Geist des Feudalismus wirkte in Galizien noch immer nach, und es war interessant zu sehen, wie Graf Roman – ein typischer Grandseigneur seines Landes – bei der Fahrt über seine riesigen Güter mit tiefen, fast dem Kotau gleichenden Verbeugungen begrüßt wurde, auf die er mit gnädigem Winken der Hand antwortete."

„Wie bei vielen anderen alten aristokratischen Residenzen, drängten sich die Dächer des kleinen Ortes Lançut fast im Schatten des Schlosses zusammen, so daß man in nächster Nähe von Luxus und Grandeur all die Verwahrlosung polnischer Juden der niedrigsten Sorte zu sehen bekam. Männer mit Hakennasen und Schläfenlocken, in schmierigen Kaftanen, und ihre schlampigen Weiber machten einen großen Teil der Bevölkerung aus, während auf dem zertrampelten Marktplatz und in den Gasthäusern die gut adjustierten Soldaten eines außerhalb des Dorfes einquartierten Dragonerregiments anzutreffen waren. Die russische Grenze war nicht weit entfernt, und dort lag die Hälfte der Kavallerie der k. u. k. Armee in Garnison."

Das Kaiserjubiläum 1898

„Mittlerweile begannen die Festlichkeiten zum bevorstehenden (50jährigen Regierungs-)Jubiläum, allerdings verlautete – die Wahrheit entsprechend, wie ich glaube –, daß der Kaiser persönlich eine Scheu davor hatte und seinen Vertrauten gestand, er wünschte, das Jahr wäre schon vorbei. Dennoch eröffnete er in feierlichem Rahmen die Jubiläumsausstellung im Prater, eine sehr sehenswerte Schau dieser Art."

„Von den vielen öffentlichen Kundgebungen der Treue

zum Herrscher war keine so bezeichnend und interessant wie die ‚Waidmannshuldigung', die an einem strahlend schönen Junitag in Schönbrunn stattfand, unter der Leitung aller Großgrundbesitzer der Monarchie, die zu diesem Anlaß ihre Jägerschaften vollzählig nach Wien gebracht hatten. Die Männer, etwa fünftausend, waren in militärischer Ordnung im Blumenparterre des Parks angetreten. Die ‚seigneurs' standen jeweils vor den Einteilungen ihrer Kontingente: Adolf Prinz Schwarzenberg z. B., dessen Ländereien, so hört man, ein Fünftel Böhmens umfassen, an der Spitze mehrerer hundert Mann. Beide, Herren und Personal, trugen die einfache, kleidsame österreichische Jägertracht in Grau und Grün. Sobald sie Aufstellung genommen hatten, erschien der Kaiser mit den Erzherzögen im Park – auch sie alle in der gleichen schlichten jagdlichen Kleidung – und schritt durch die Reihen dieser ausgesuchten Vertreter des Mannestums der Monarchie, die den allerhöchsten Jagdherrn begeistert begrüßten."

Das Datum war der 25. Juni. Eilig war der Kaiser von einer Truppeninspizierung der Artillerie auf der Simmeringer Heide nach Schönbrunn gefahren, wo er sich, wie er mit einem Anflug der ihm eigenen Selbstironie an Katharina Schratt schrieb, „in ein Jägergewand warf und wieder feiern ließ". Thronfolger Franz Ferdinan überreichte seinem Onkel im Namen aller Anwesenden einen goldenen Ehrenbruch, danach absolvierte der Achtungsechzigjährige „beim Klange der Waldhörner mit zahllosen Bekannten und vielen Unbekannten sprechend und in der Sonnenglut schwitzend" seine Pflichttour. Den Höhepunkt dieses Festaktes stellte der für den Hof tätige Maler Thaddäus Ajdukiewicz auf einem Tableau dar.

„In Verbindung mit dem Schützenfest, das der Feier folgte, fand am nächsten Tag auf der Ringstraße ein schöner Kostümfestzug statt, in jener Art der Gestaltung, wie sie Jahre zuvor der begabte Wiener Maler Makart seine Landsleute gelehrt hatte."

Rumbold meinte damit den Festzug der Stadt Wien am 26. April 1879, zur Silbernen Hochzeit des Kaiserpaares, den berühmten „Makart-Festzug", den der Botschafter selbst nur aus Beschreibungen und Abbildungen kennen konnte. Die zweite – und letzte – wirklich spektakuläre Selbstdarstellung der Menschen und der historischen Ereignisse des habsburgischen Österreich in der Form eines lebendigen Frieses auf der Ringstraße sollte erst das besonders solenne 60jährige Regierungsjubiläum Anno 1908 bringen.

Mitten im Hochsommer erhielt Generaladjutant Graf Paar aus der britischen Garnison Colchester einen am 9. August geschriebenen Brief. Darin informierte ihn der Kommandeur der 1st King's Dragoon Guards, Oberstleutnant Owen, Königin Victoria habe verfügt, daß das Regiment fortan das Wappentier Österreich-Ungarns als Abzeichen tragen sollte. Owen legte ein Musterstück „zur Genehmigung durch unseren erlauchten Regimentsinhaber" bei und erbat rasche Antwort, da vorgesehen sei, die neuen Abzeichen am 18. August, dem Geburtstag des Kaisers, der Truppe feierlich zu übergeben. Prompt erfolgte telegraphisch die Billigung. Vom genannten Datum an trugen die 1st King's Dragoon Guards am Uniformkragen und später auch an der Tellermütze den k. u. k. Doppeladler in Silber. Als bei Beginn des Ersten Weltkriegs die Regimentsinhaberschaften von Monarchen und Prinzen nunmehriger Feindstaaten erloschen, wurde er gegen ein anderes Emblem ausgetauscht, aber im Frieden wieder eingeführt – und als bereits historisches Symbol auch während des Zweiten Weltkrieges unverändert beibehalten!

Kaiser Franz Joseph seinerseits setzte 1914 eine ungewöhnliche Geste, die im Zeitalter der Massenheere und der Materialschlachten schier anarchronistisch wirkte, an die militärischen Kavaliersregeln des 18. Jahrhunderts gemahnte, doch kennzeichnend für sein Denken und Empfinden war: Sollten, so lautete die Entscheidung, Offiziere dieses Regiments in österreichische Kriegsgefangenschaft geraten, dann wären sie bis zum Ende der Kampfhandlungen als persönliche Gäste Seiner Majestät zu betrachten.

Schreckensnachrichten aus Genf

Der Sommer 1898 mit seinen Hitzeperioden war bereits vorbei, als Sir Horace am Nachmittag des 10. September im Botschaftsgebäude das gewohnte Pensum erledigte.

„Nach der Rückkehr von einer Fahrt mit meiner Frau durch

Kaiserin Elisabeth, schon den Zeitgenossen so entrückt wie ein fernes Marmorbild in einem Zaubergarten

den menschenleeren Prater suchte ich gerade in den Amtsräumen einige Papiere, als plötzlich Freddy Clarke sichtlich verstört eintrat. Er meldete mir, soben habe er gehört, Kaiserin Elisabeth sei in Genf ermordet worden. Sofort rief ich den Ballhausplatz an, und nachdem mir Graf Goluchowski die schreckliche, im ersten Moment kaum faßbare Nachricht bestätigt hatte, gab ich sie chiffriert prompt an die Königin und an Premierminister Lord Salisbury weiter."

„Obwohl die Kaiserin sich aus gesundheitlichen Gründen während der letzten Jahre selten in Österreich aufgehalten hatte, war der Eindruck des grauenvollen Verbrechens, dem sie zum Opfer fiel, schier unbeschreiblich. Nun gedachte man ihrer nur als des gütigsten, mildtätigsten menschlichen Wesens und gewiß des lieblichsten, das je einen Kaiserthron geziert hatte. Daß sie, die nie in irgendeiner Weise auf die Staatsgeschäfte Einfluß zu nehmen suchte und sich nur guten Werken und der Förderung von Dichtung und Kunst widmete, durch den Dolchstoß eines brutalen politischen Fanatikers geendet haben sollte, wurde als die denkbar grausamste Schicksalfügung empfunden."

„Man kann sich kaum eine schwierigere Lage ausmalen als die der Hofdame Gräfin Irma Sztáray, der einzigen Tatzeugin, die mit ihrer toten Herrin ganz allein blieb, bis sich die übrige Suite abends einfand. Mittlerweile mußte sie nach Wien telegrafieren, Gespräche mit den Behörden führen und die unbedingt nötigen ersten Schritte persönlich veranlassen. Als sie endlich in der Wiener Hofburg eintraf, harrte der Kaiser in banger Erwartung ihrem Kommen entgegen, um von ihr die Schilderung der Tragödie zu hören. Doch da er sah, wie zerschlagen und erschöpft die Gräfin war, bat er sie, ihn am nächsten Tag aufzusuchen, und dann zeigte er sich so freundlich und rücksichtsvoll, während sie ihre entsetzliche Geschichte erzählte, daß die Arme, die sich vor dieser Unterredung sehr gefürchtet hatte, nach deren Ende halbwegs getröstet und erleichtert war."

„Pompe funèbre" für eine Ruhelose

„Indessen mußten Vorbereitungen für die Überführung des Leichnams der Kaiserin getroffen werden. Am späten Abend des 15. September fuhr der Zug mit dem Katafalkwagen auf dem Westbahnhof ein. Wir sahen den ‚Cortège' von einem Haus in der Babenbergerstraße aus. Die Straßanlampen auf dem ganzen Weg vom Bahnhof bis zur Burg waren durch lodernde Fackeln ersetzt worden, so daß es taghell war. Berittene des kaiserlichen Marstalls mit Laternen eröffneten den Kondukt, gefolgt von Kavallerie. Dann kam die ‚Grande Maitresse' mit Hofdamen in großen sechsspännigen Trauerkutschen, und der ‚Grand Maitre' mit Chargen des Hofstaates. Und dann der einfache offene Leichenwagen mit schwarzen Straußenfedern an den Ecken, den Sarg deckte ein schlichtes schwarzes Bahrtuch. Dahinter Leibgarden und Kavallerie. So bewegte sich der Trauerzug – mit Worten nicht zu schildern – über den Ring und in die Hofburg, wo ihn der gramgebeugte Herrscher erwartete."

„Beim Leichenbegängnis, das am Nachmitag des 17. September stattfand, war Königin Victoria durch Prinz Christian vertreten, der bei uns in der Botschaft Wohnung nahm, und der Prince of Wales durch General Sir Arthur Ellis. Die Kapuzinerkirche, in der die Einsegnung erfolgte, ist sehr klein, und für jene Botschafter, die diesmal nicht ihre Monarchen repräsentierten, waren keine Plätze vorgesehen. Deshalb beobachteten wir die Feierlichkeiten von der französischen Botschaft am Lobkowitzplatz aus (Palais Lobkowitz). Als der ‚Cortège' durch das Hauptportal der Kirche am Neuen Markt eingezogen war, sahen wir den Monarchen mit Kaiser Wilhelm, der erst zwei Stunden vorher aus Berlin eingetroffen war, bei einem Seiteneingang in der engen Gluckgasse vorfahren. Außer der erschütternden Gestalt des Witwers schien die meiste Aufmerksamkeit der Anwesenden der starren Haltung des deutschen Kaisers und den besonderen Ehrungen zu gelten, die diesem erwiesen wurden. Er hatte seinen gesonderten Platz vor den anderen versammelten Herrschern, den Königen von Sachsen und von Rumänien etwa, und blieb während der langen Totenfeier stehen, ohne einen Muskel zu regen."

„Die politische Notwendigkeit des Zeitpunkts rechtfertigte zweifelos vollauf die deutliche Auszeichnung eines mächtigen Verbündeten. Doch jene wenigen, die noch immer von den alten österreichischen Traditionen durchdrungen ware, mußte ein solcher Anblick schmerzlich berühren – das erlauchte Oberhaupt der großen Monarchie in dieser schweren Stunde Seite an Seite mit dem Enkel jenes Mannes, der dieser Monarchie einen so vernichtenden Schlag versetzt hatte. Und solche Bevorzugung inmitten eines gewaltigen Aufgebotes deutscher Fürsten, die überkommene Verehrung für den Nachfolger der Kaiser des Heiligen Römischen Reiches bewog, sich im Sinn einstiger Lehenstreue um die Bahre seiner Gemahlin zu scharen."

„Ich selbst hatte Kaiserin Elisabeth während meiner zweiten Wiener Amtszeit nie gesehen. Sie kam im Frühjahr 1898 zu kurzem Aufenthalt – ihrem letzten. Natürlich reichte ich in der üblichen Form um Audienzen für meine Frau und mich ein, und da ich wußte, wie ungern Ihre Majestät im allgemeinen Audienzen gewährte, suchte ich deswegen den Ersten

Obersthofmeister Rudolf Fürst Liechtenstein privat auf. Er und der Chef des Hofstaates der Kaiserin, Graf Bellegarde, waren der Meinung, daß die hohe Frau mit ihren wohlbekannten Sympathien für England in unserem Fall bestimmt eine Ausnahme machen werde. Einige Tage später erhielt ich zu meiner großen Enttäuschung die offizielle Antwort, gesundheitliche Rücksichten und die bevorstehende Abreise hinderten die Kaiserin zu ihrem Bedauern daran, uns zu empfangen, aber sie hoffe auf eine Begegnung bei künftiger Gelegenheit."

„‚Es ist vielleicht am besten so, daß Sie Ihre Majestät nicht wiedergesehen haben', sagte mir eine ihrer Vertrauten, die wußte, daß ich Elisabeth vor etwa vierzig Jahren im ganzen Zauber ihrer Jugend erblickt hatte. Und es ist in der Tat gut, daß sie für jene Menschen, denen sie so erschienen war, eine Erinnerung bleiben sollte: eine Traumgestalt vollendeter kaiserlicher Schönheit."

Darin spricht sich der Zeitgeit aus, der weit über die Grenzen Österreichs hinaus Elisabeth zur Allegorie einer ganzen Empfindungswelt unruhig suchender Seelen erhob, als fernes Marmorbild im Zaubergarten des Symbolismus. Anton Romako, der große künstlerisch Einsame der Ringstraßenepoche, hat sie in solch geheimnisvoller Entrückung eines „imaginären Porträts" gemalt, und Konstantin Christomanos, ihr griechischer Vorleser, zeichnete ein ähnliches Bild mit dem gleicherweise nach Byzanz und Décadence klingenden Wortprunk seiner „Tagebuchblätter".

Noch ein anderes Imaginäres Porträt

„Unmittelbar nach der Bestattung gab der Kaiser ein Reskript heraus, durch das alle weiteren geplanten Jubiläumsfeierlichkeiten abgesagt wurden. Zugleich sprach er seinen tiefempfundenen Dank für die einmütigen Bekundungen der Treue und des Mitgefühls aus, die ihm in seinem Schmerz von den Untertanen zuteil wurden. Dann reiste er für einige Tage zu Erzherzogin Marie Valerie nach Schloß Wallsee an der Donau und begab sich anschließend nach Gödöllö, wo er einige Wochen in völliger Zurückgezogenheit verbrachte."

Das Jagdschloß Gödöllö in der Nähe Budapests war 1867,

bei der Königskrönung, als Geschenk der ungarischen Nation dem Herrscher übergeben worden, der seinerseits Elisabeth dort als die eigentliche Herrin einsetzte – er selbst, der Kaiser-König, betrachtete sich in Ungarn als Herr der Ofener Burg. In der Folge waren die weiten Reviere von Gödöllö häufig Schauplatz großer höfischer Parforcejagden. Es ist ein kennzeichnender Wesenszug des alternden, immer einsamer werdenden Monarchen, daß er, wehmütig „à la recherche de temps perdu“, noch lange nach dem Tod der Kaiserin immer wieder die Stätten aufsuchte, mit denen sich persönliche Erinnerungen an ihre meist kurzen Aufenthalte in der Heimat verbanden. So fuhr Franz Joseph von Schönbrunn an sonnigen Spätnachmittagen bisweilen zur nahen Hermesvilla im Lainzer Tiergarten, um allein versonnen durch die Säle und Raumfluchten des großen Hauses zu gehen, das er eigens als Wiener Residenz, oder besser gesagt als Reservat für Elisabeth hatte erbauen lassen. Die ruhelose Egozentrikerin hatte sich übrigens auch in diesem Retiro nie wirklich wohlgefühlt.

Am 18. September, einen Tag nach dem Begräbnis, erfüllte der Kaiser posthum einen Wunsch der Verstorbenen, indem er nun selbst den Elisabeth-Orden stiftete, als Auszeichnung für Frauen aus allen Schichten, die sich Verdienste um humanitäre oder religiöse Ziele erworben hatten. Das erste Großkreuz verlieh er der seelisch hart geprüften Gräfin Irma Sztáray. Bei der Auswahl der Kandidatinnen wahrte er strikte Objektivität, mehr noch: das gebotene Dekor. Das mußte Katharina Schratt erfahren, als sie ihn darauf hinwies, daß ihr die Kaiserin a priori die Verleihung in Aussicht gestellt habe. Darauf erwiderte Franz Joseph, er bedauere, aber eine solche Würdigung sei nun leider unmöglich. Aus der Hand Ihrer Majestät empfangen, wäre die Insignie ein über jeden Verdacht erhabenes Zeichen der Huld gewesen. Von ihm verliehen aber würde sie als ein Beweisstück der Begünstigung und Bevorzugung angesehen werden. Dabei blieb's. Punktum. Auch wenn die Gnädige Frau deswegen recht ungnädig wurde.

„Vor der Abreise aus Wien beauftragte der Kaiser einige der bekanntesten österreichischen und ungarischen Maler wie László, Benczúr und Horovitz, Porträts der Kaiserin auszuführen, als Geschenke für die Damen ihrer engsten Umgebung. Zur Arbeit an einem dieser Bildnisse – für die Obersthofmeisterin Gräfin Harrach bestimmt – stellte der Monarch dem Maler Leopold Horovitz einen Raum der Hofburg als Atelier zur Verfügung, und während das Werk entstand, kam er selbst sehr häufig herein, machte Vorschläge und gab dem Künstler viele sehr wertvolle Hinweise für Einzelheiten der ihm übertragenen schwierigen Aufgabe. Denn leider hatte Horovitz die Kaiserin nur ein- oder zweimal bei öffentlichen Veranstaltungen flüchtig gesehen, und da sie sich seit langem geweigert hatte, einem Maler zu sitzen, kämpfte er nun mit erheblichen Schwierigkeiten, weil er nach ziemlich alten Bildern und Fotografien arbeiten mußte. Doch als das Porträt vollendet war, das praktisch zur Gänze unter den Augen des Kaisers Gestalt gewonnen hatte, fanden alle, es sei ein sehr gut gelungenes, ähnliches Abbild der Kaiserin im Alter von etwa fünfundvierzig Jahren."

„Die düsteren Vorahnungen des Herrschers für sein Jubiläumsjahr hatten sich grausam bewahrheitet, und der 2. Dezember (Tag der Thronbesteigung) fand ihn in völliger Abgeschiedenheit wie immer geduldig mit der Erledigung seines täglichen Arbeitspensums beschäftigt."

So ging das hoffnungsvoll begonnene Jahr 1898 mit Hoftrauer und einer förmlichen Flucht in das Gleichmaß gewohnter kaiserlicher Pflichterfüllung zu Ende.

7. *Dramatisches Fin de siècle (1899–1900)*

Auch den alternden Sir Horace umgab damals, im Fin de siècle, eine Grundstimmung von Melancholie und Abschied. In den Aristokraten-Salons sah er alte Freunde aus der Jahrhundertmitte oft nur noch in effigie wieder, als Ahnenbildnisse inzwischen herangewachsener neuer Generationen. Und manches an seiner Wiener Umwelt störte ihn recht empfindlich.

Baustellen, Demolierer und Anarchistenjagd

„Die strenge Hoftrauer hatte außer anderen Auswirkungen auch die vorläufige Einstellung der Bauarbeiten an der Neuen Hofburg gebracht, deren stattlicher linker Flügeltrakt in Erwartung der zum Jubiläum geplanten großen Festlichkeiten vollendet worden war. Doch anderswo in der Stadt ging die Kommunalverwaltung fast skrupellos daran, Veränderungen zu schaffen. Die Einwölbung des Wienflusses – eines dürftigen Gerinnes – und der Bau der Stadtbahn entlang seines Verlaufs boten Hunderten Arbeitern Beschäftigung, viele von ihnen waren Italiener, denen es damals gerade übel erging, weil sich die allgemeine Erbitterung gegen sie als die Landsleute des Mörders Lucheni richtete. Es hieß, eine Gruppe sei eines Morgens sogar durch eine Rotte wütender Marktweiber von der Baustelle vertrieben worden."

Diese summarische nationale Feindseligkeit war eine geradezu bis zum Psychotischen gesteigerte Zeiterscheinung. Sie ist nur aus dem Faktum zu erklären, daß die anarchistischen Attentäter, die um 1900 mit ihren Anschlägen europäische Sensationen bewirkten, samt und sonders Italiener waren. Lucheni blieb der Nachwelt deshalb am lebhaftesten im Gedächtnis, weil sein Opfer als Persönlichkeit noch immer die größte Faszination ausübt, Historiker ebenso wie die Phantasie weiter Kreise zu Deutungen anregt. Seine Tat war aber nur eine in der Reihe von Blutverbrechen italienischer Anarchisten. 1894 hatte Santo Caserio den französischen Staatspräsidenten Marie Antoine Carnot erdolcht, 1897 tötete Michele Angiolillo Spaniens Premierminister Antonio Canovas de Castillo am Frühstückstisch eines Hotels. Beide Mörder wurden hingerichtet. Am 29. Juli 1900 erschoß Gaetano Bresci in der heute als Zentrum der Autorennen berühmten Stadt Monza König Umberto II. Der Attentäter war aus den USA gekommen, aus Paterson, New Jersey, einem Sammelpunkt anarchistischer italienischer Auswanderer. Im April des selben Jahres feuerte ein erst sechzehnjähriger Hitzkopf namens Sipido auf dem Brüsseler Hauptbahnhof zwei Schüsse gegen den Prince of Wales ab, ohne ihn zu treffen. (Kaiser Franz Joseph suchte prompt Rumbold auf, um seiner Freude über das Mißlingen des Anschlags Ausdruck zu geben.) Solche Häufung der Gewalt, deren Impulse von ein und derselben Kerngruppe ausgingen, führte dazu, daß man in anderen Ländern argewöhnisch die beiden Begriffe Italiener und Anarchist fast gleichsetzte, in jedem schlecht gekleideten, unrasierten, radebrechenden Mann aus dem Süden einen höchst Verdächtigen sah, einen potentiellen tückischen Halsabschneider oder Bombenwerfer und Fanatiker des Umsturzes.

Dem alten Diplomaten, der oft in der Stadt unterwegs war, boten die wahrhaftig tiefgreifenden Regulierungen und Abbrüche mit ihren verdrießlichen Begleiterscheinungen den Anlaß, sich über seine Wiener „Intimfeinde“ zu erbosen.

„Die gigantischen Unternehmungen kehrten zu jener Zeit im äußeren Bereich der Ringstraßenzone das Unterste zu oberst, und die aufgewirbelten Staubwolken machten Wien, immer die windigste aller Städte, schier unerträglich. Die Magistratsbehörden, vor allem auf Judenhetze erpicht, trafen geringe oder gar keine Anstalten, die Straße mit Wasser zu besprengen. In dieser Beziehung überrundete die Ära Lueger sogar unseren London County Council.“

„Auch in der Inneren Stadt waren die Demolierer mit solchem Eifer am Werk, daß die mir von einst vertrauten Wahrzeichen rasch verschwanden, als mit der Verbreiterung der Straßen ihr malerischer Charakter rücksichtslos zerstört wurde. Auf meinen Wanderungen durch das Zentrum versuchte ich eines Tages, ein Haus zu finden, an das ich mich gut erinnerte. Madame Wildauer hatte darin gewohnt. Die arme Mathilde ruhte längst schon auf dem Zentralfriedhof, in bester Gesellschaft, denn dort sind Schubert, Mozart und der gewaltige Beethoven bestattet. Als ich zu der wohlbekannten Ecke der seltsamen alten Gasse mit dem noch absonderlicheren Namen ‚Stoß im Himmel‘ kam, die zu dem gesuchten Haus führte, fand ich sie abgesperrt. Soeben hatten die Demolierer mit der Schleifung des Baues begonnen, um Platz für einen weiteren Zinspalast zu schaffen.“

Reminiszenzen in der Löwelstraße

„Bei meiner sentimentalen Fahndung nach alten Lebensmarkierungen brachte ich bald in Erfahrung, daß das Haus auf der Löwelbastei, in dessen dritten Stock ich logiert hatte, nun die Residenz des Fürsten und der Fürstin Montenuovo war. Beide luden mich freundlich ein, mein einstiges Domizil in Augenschein zu nehmen. Ich fand es vom einzigen Sohn des Paares bewohnt, der gerade mit seinem Hofmeister, einem Abbé, seine Studien betrieb.“

„Meine Gastgeberin zeigte mir einige interessante Familienerbstücke, die von Kaiserin Marie Louise, dem Gefangenen von St. Helena und seinem Sohn stammten – jener tragischesten Gestalt des großen napoleonischen Epos, dessen zartes Schattenbild der begabte Autor des Stückes ‚L'Aiglon‘ mit dichterischer Freiheit für die Welt wieder heraufbeschwor. Ich erinnere mich daran, wie Monsieur Sardou und seine Interpretin mit der ‚goldenen Stimme‘ nach Wien kamen und besondere Vergünstigungen erhielten, um an Ort und Stelle die ‚mise en scène‘ dieses guten, wenngleich eher der Phantasie entsprungenen Dramas zu studieren.“

Hier ist Rumbold ein Gedächtnisfehler unterlaufen. „L'Aiglon“ („Der junge Adler“), das einst sehr erfolgreiche Theaterstück um den Herzog von Reichstadt, schrieb nicht Victorien Sardou, sondern Edmond Rostand, dessen dramatisches Meisterwerk „Cyrano de Bergerac“ noch immer auf dem Repertoire führender Bühnen steht. Die erwähnte Interpretin war die große Sarah Bernhardt, das Fabelwesen aus der Pariser Belle Epoque. Den Hauptpart des jünglingshaften Napoleoniden spielte sie als Hosenrolle – wiewohl sie selbst bereits eine Dame entre deux âges war. Schönbrunn besichtigte die Künstlerin im Jahr 1899, auf einer ihrer vielen Auslandstourneen.

Spuk im Palais Clary

„Ein anderer meiner alten Lieblingsplätze, den ich mit großem Interesse wieder aufsuchte, war das Palais Clary in der Herrengasse, früher viele Jahre Sitz der britischen Gesandtschaft. Fürstin Clary führte mich liebenswürdigerweise durch das ganze Haus mit seinen vielen kompliziert angelegten Treppen und Passagen rund um zwei lange schmale Höfe. Ich hatte es in den sonnigen Jugendtagen gekannt, doch obwohl es darin einige schöne Räume gibt und alles jene Atmosphäre der Würde atmet, die den alten österreichischen Adelspalästen eignet, kann es nicht als wohnlich gelten."

„Die Fürstin erzählte mir übrigens eine seltsame Geschichte: Für einige Zeit war sie mit ihrem Gemahl von Wien abwesend, deshalb wurde das Haus geschlossen. Vor der Rückkehr beauftragte sie die Beschließerin – eine durchaus zuverlässige, vernünftige und langjährig bewährte Person – mit den Vorbereitungen für die Ankunft des Paares."

„Während der Arbeiten, so berichtete die Frau, habe sie zufällig zum Fenster hinausgesehen und bei hellem Tageslicht hinter einem gegenüberliegenden Fenster eine Gruppe von Damen und Herren in absonderlich altmodischer Kleidung um einen runden Tisch versammelt erblickt. Da die Beschließerin wußte, daß das Palais völlig unbewohnt war, eilte sie sofort durch die weitläufigen winkeligen Korridore, um festzustellen, wer denn diese Leute sein könnten. Als sie die betreffende Tür aufsperrte, fand sie den Raum leer, es gab keinerlei Anzeichen dafür, daß sich jemand darin aufgehalten hätte. Man könne kaum bestreiten, sagte die Fürstin, daß in dem alten Bau bisweilen rätselhafte Gestalten auftauchten, ohne daß man ihr Erscheinen überzeugend zu erklären vermöchte."

„Es steht auch außer Frage, daß das Palais Clary während der Zeit als Sitz unserer Gesandtschaft sein unheimliches Wesen noch deutlicher offenbarte. Die Frau und die Tochter eines meiner Vorgänger in Wien hatten folgendes merkwürdiges Erlebnis. An einem sonnigen Vormittag saßen sie in einem langen, schmalen, galerieartigen Wohnzimmer, das sie normalerweise benützten. Miß X las ihrer Mutter aus einem französischen Buch vor, als diese zu ihrem Erstaunen den Leibjäger ihres Gatten wartend an der Stirnwand des Raumes stehen sah und ihrer Tochter befahl: ‚Sag Fritz (dem Leibjäger), er soll zu deinem Vater hinuntergehen, der ihn sicherlich braucht.‘ Miß X schritt auf den Mann zu, aber als sie näherkam, war er nicht mehr da. Sie ging zu ihrer Mutter zurück, da erblickten die beiden ihn wieder, und Miß X wollte ihm neuerlich den Auftrag überbringen. Das geschah dreimal, immer mit dem gleichen Ergebnis: Mutter und Tochter sahen deutlich die Figur im Profil, in der unverwechselbaren dunkelgrünen Uniform mit dem Zweispitz samt Federbusch – Fritz hätte diesen im Zimmer natürlich nicht getragen, – im hellen Licht vom Fenster her schimmerten die silbernen Epauletten und das Bandelier. Als die beiden nachfragten, erfuhren sie, daß Fritz nicht einmal in der Nähe der Galerie gewesen sei, wo er auch gar nichts zu tun gehabt hätte, und später erzählte ihnen Fürst Clary, daß viele Jahre früher ein Leibjäger in jenem Raum ermordet wurde, in dem er, wie es hieß, noch immer spuke.“

„Vielleicht sollte ich die Tatsache betonen, daß diese Damen, die ich sehr gut kannte, ganz gewiß nicht besonders phantasievoll oder beeindruckbar waren und sich im Moment nicht im mindestens fürchteten, vielmehr sich bloß wunderten, den Mann zu sehen. Es ist aber auch sicher, daß spätere Bewohner des Hauses ernstlich Klage darüber führten, welches Unbehagen ihnen dieselbe geheimnisvolle Erscheinung bereitete.“

Nun mag man, je nach persönlicher Auffassung, dieser Erzählung den Kommentar anfügen, daß eines der ganz wenigen Spukhäuser Wiens sich gerade als Sitz einer englischen Vertretung besonders gut geeignet hatte, weil es somit den Traditionen des „haunted house“ entsprach, oder man mag das Ganze als Hirngespinst, als Phantasterei abtun. Der Autor dieser Zeilen entsinnt sich jedenfalls deutlich, daß ihn als Kind – ohne jede Ahnung von den oben geschilderten Vorgängen! – im Palais Clary, damals längst schon Niederösterreichiches Landesmuseum – in manchen Räumen jählings ein beklemmendes Gefühl überkam. Zudem ging, als ein den Dingen nächster Gewährsmann, der vor einigen Jahren verstorbene Alfons Clary-Aldringen in seinem Erinnerungsbuch „Geschichten eines alten Österreichers" (immerhin von Golo Mann, dem hochrangigen deutschen Historiker, mit einem Vorwort versehen) auf eben dieselben parapsychologischen Phänomene ein wie Dezennien vor ihm Sir Horac Rumbold.

Abschied von Johann Strauß

Gleich so vielen einheimischen Zeitgenossen spürte der Botschafter, daß Johann Strauß' Tod am 3. Juni 1899 das Ende einer ganzen Epoche mit ihrem spezifischen Lebensgefühl und ihren ureigensten Daseinsformen bedeutete.

„Ich hatte ihn noch wenige Monate zuvor gehört und gesehen, als er beim Benefizkonzert seines Bruders Eduard zum letztenmal öffentlich auftrat. Der alte Herr stieg steifbeinig und mit einiger Mühe inmitten eines Beifallssturms zum Podium empor. Aber dann dirigierte er einen neuen eigenen Walzer mit allem unnachahmlichen Brio und Schwung seiner Jugend."

Rumbolds Bild des von Beschwerden geplagten, doch am Pult sofort auflebenden vierundsiebzigjährigen Meisters – wir Heutigen kannten ähnliche Verwandlungen durch die Macht der Musik bei Otto Klemperer und dem greisen Karl Böhm – ist zwar voll menschlicher Sympathien skizziert, deckt sich aber nicht ganz mit den biographischen Fakten. Zum letztenmal erschien Johann Strauß vor Publikum bei einer Nachmittagsaufführung der „Fledermaus" in der Hofoper am 22. Mai, dem Pfingsmontag des Jahres 1899, um die Ouvertüre zu dirigieren. Es war wohl ein „Benefiz", doch flossen die Erträgnisse dem Hoftheater-Pensionsinstitut zu.

„Im politischen Leben war dem Sturz Badenis ein Abflauen der Fehde zwischen Deutschen und Tschechen gefolgt. Die so heftig umstrittenen Sprachenverordnungen waren praktisch bloß ein Blatt Papier geblieben. Das nicht mehr aktionsfähige Abgeordnetenhaus des Reichsrates war für einige Monate ausgeschaltet worden, und die Regierungsagenden wurden auf Grund eines Artikels der Verfassung weitergeführt, der unter bestimmten Umständen der Krone die Macht vorbehielt, die dringenden Verwaltungsangelegenheiten durch kaiserliche Dekrete zu regeln. Ohne diesen nützlichen Artikel XIV – gegen den als ein verkapptes Instrument der Despotie so heftig polemisiert wurde – wäre der österreichische Regierungsapparat während jener Zeitspanne in manchen kritischen Momenten in völlige Lähmung verfallen."

„Die Nachfolge der Ära Badeni hatten mehrere kurzlebige Ministerien angetreten, bis im März 1898 ein Kabinett unter der Leitung des Grafen Franz Thun die Amtsgeschäfte aufnahm. Thun war einer der bedeutendsten Großgrundbesitzer Böhmens und mehrere Jahre Statthalter dieses Landes, das er sehr umsichtig und segensreich verwaltete. Abgesehen von seiner erheblichen Zivilcourage, seinen von niemandem angezweifelten Fähigkeiten und persönlichen Vorzügen als denkbar beste Verkörperung des Typus eines österreichischen Landaristokraten, war er ein einmalig sattelfester Kenner aller komplizierten Einzelheiten des Völkerkonflikts in Böhmen. Eine Reihe bemerkenswerter, penibel genauer ethnographischer Untersuchungen, die nach seinen Anweisungen erstellt wurden und deutlich eine fast hoffnungslose Patt-Situation der beiden rivalisierenden Völker zeigten, die nur von jener in Mazedonien übertroffen wurde, erbrachten den Beweis, daß dieser Ministerpräsident aus Böhmen wahrscheinlich eher als jeder andere österreichische Regierungspolitiker in der Lage gewesen wäre, die Probleme einer ausgleichenden Regelung der respektiven nationalen Ansprüche zu lösen."

„In dieser Beziehung war sein Rücktritt nach einer Amtszeit von kaum achtzehn Monaten sehr zu bedauern, wenngleich die Begleitumstände der Entscheidung ihm als patriotischem österreichischem Staatsmann alle Ehre machten. Thuns Demission war in hohem Maß die Konsequenz seines mutigen, aber unwirksamen Protests gegen die summarische Ausweisung österreichischer Landarbeiter aus Preußisch-Schlesien und anderen preußischen Provinzen unter Bedingungen, die an die willkürlichen Austreibungen dänischer Staatsbürger aus Schleswig erinnerten. Der Ministerpräsident war de facto ein Opfer der Rücksichtnahmen auf die Erfordernise der Allianz mit dem Deutschen Reich."

Herrn v. Kállays Dialoge über die Ost-West-Dynamik

„Ein alter Bekannter, der mich mit ausgesuchter Höflichkeit begrüßte, war Benjamin v. Kállay, dem ich zum erstenmal 1870 in Belgrad begegnet war, am Beginn seiner glänzenden Karriere. Nun sah ich ihn als kaiserlichen und königlichen Finanzminister wieder. Herr. v. Kállay leistete der österreichisch-ungarischen Monarchie ausgezeichnete Dienste. Seine gründliche Kenntnis der Balkanvölker, ihrer Geschichte und Bestrebungen bewies er überzeugend durch seine Verwaltung von Bosnien und der Herzegowina, ein Musterbeispiel aufgeklärter staatsmännischer Kunst."

1878 hatte die Donaumonarchie auf dem Berliner Kongreß das Mandat zur Okkupation der beiden bis dahin türkischen Provinzen erhalten. In den folgenden Dezennien wurde dort vorbildliche Kulturarbeit der Befriedung und der Erschließung getan, namentlich auf dem Gebiet des Verkehrswesens und der Administration. Als „Landeschef" fungierte jeweils ein General, dem die militärischen und zivilen Agenden übertragen waren. Oberste Instanz aber war das gemeinsame Finanzministerium, also zum gegebenen Zeitpunkt der Ressortchef, Benjamin v. Kállay, über den man in den Präsidialkanzleien voll ironischer Bewunderung sagte, gäbe es Bosnien und die Herzegowina nicht bereits, Seine Exzellenz der Herr Minister würde diese Territorien erfinden, um dort ein weiteres Betätigungsfeld für seine unbändige Lust am Organisieren zu haben. Erst 1908 erfolgte der formelle Anschluß, die europäische Krisen auslösende „Annexion". Bosnien und die

Herzegowina erhielten den Sonderstatus von „Reichslanden“, die weder Österreich noch Ungarn zugeordnet waren.

„Noch ersprießlicher war Kállays Einfluß als Bindeglied in den allzuoft konfliktreichen Beziehungen der beiden Reichshälften, denn obgleich jeder Zoll patriotischer Ungar, war er von gesamtstaatlichen Überzeugungen durchdrungen und wandte sich entschieden gegen jegliche Lockerung der Bande zwischen Österreich und Ungarn, eine Entfremdung, die für den Ruf und die internationale Position der Donaumonarchie als Großmacht gewiß sehr gefährlich wäre.“

„Nach seinem kaierlichen Herrn hatte England auf dem Kontinent keinen besseren Freund als Kállay. In den vielen interessanten Gesprächen, die ich im Lauf der Zeit mit ihm führte, war ich von seinem Glauben an die förderliche Autorität Englands in internationalen Belangen sehr beeindruckt, obwohl dieser Glaube, wie er eingestand, manchmal dadurch auf eine harte Probe gestellt wurde, daß er Anzeichen eines Nachlassens des alten Kampfgeistes der Nation wahrzunehmen meinte. Das Vordringen der Russen in den Fernen Osten beobachtete er mit größter Aufmerksamkeit, und ich erinnere mich deutlich einer Unterredung über dieses Thema. Seit dem ersten Eroberungszug Jermak Timofejews und seiner Kosaken nach Sibirien, so sagte der Minister, habe der russische ‚Drang nach Osten‘, wenn auch zuerst kaum zur Kenntnis genommen, stetig weitergewirkt. Der Strom von Amerika-Auswanderern zeige, daß sich alle europäischen Völker westwärts bewegten. Einzig die Russen locke der Osten. Er erachtete diese Ausbreitung als praktisch unaufhaltsam, wobei er damals kaum den entschlossenen Widerstand, auf den die russische Expansion stoßen sollte, und das Scheitern der Pläne für die Vormacht in Asien voraussehen konnte.“

Rumbolds Andeutungen signalisieren die Niederschrift zu einem Zeitpunkt, als das Ende des Russisch-Japanischen Krieges von 1904/05 bereits neue Perspektiven großräumiger Asienpolitik eröffnete und sowohl das Zarenreich als auch die USA die Tatsache akzeptieren mußten, daß fortan das rasant modernisierte Japan mit seiner militärischen Schlagkraft und politischen Dynamik als wesentlicher Faktor im Fernen Osten und im Pazifik zählen würde.

Marienbader Mutmaßungen und das „Weiße Rössel" in Wassernot

„Gegen Ende August fuhren wir, wie immer um diese Jahreszeit, nach Marienbad, das der Prince of Wales damals zum zweiten Mal als Kurgast mit seinem Besuch beehrte. Auch mehrere bekannte Persönlichkeiten aus London fanden sich dort ein, zweifellos nicht zuletzt von der Anwesenheit des populärsten Thronagnaten der Epoche angezogen. Das Thema, das die Gemüter in jenem Spätsommer am lebhaftesten bewegte, war die ernste Wendung, die sich gerade in Südafrika vollzog. Ein Bruch mit der burischen Regierung erschien fast unvermeidlich, und im Kreis des Prinzen wurden die Möglichkeiten und Resultate eines Krieges sehr frei erörtert. Ich erinnere mich, daß z. B. Monsieur de Soveral die Meinung vertrat, sollten wir zu bewaffneten Aktionen gezwungen werden, dann könne der Kampf nur kurz sein und müsse zu unseren Gunsten ausgehen. Diese Ansichten eines der gewiegtesten und erfolgreichsten Diplomaten, der allem Anschein nach aus Lourenço Marques stichhaltige Informationen über die Lage besaß, beeindruckten mich damals sehr, erwiesen sich aber leider als irrig. Offenbar verfiel der portugiesische Envoyé dem gleichen Trugschluß, wie die meisten Menschen, unter denen er lebte: er unterschätzte die Vorkehrungen und Ressourcen der Buren."

Lourenço Marques, der Haupthafen der portugiesischen Kolonie Moçambique, war als Anker- und Umschlagplatz ein nordwestliches Tor nach Südafrika und selbstverständlich auch ein Vorposten und Stützpunkt für Leute, die, mehr oder minder offiziell, Nachrichten über die Vorgänge jenseits der Grenze sammelten und weitergaben . . .

Aber mit solchen wirklich fernliegenden Dingen beschwerten sich Sir Horace und Lady Louisa nicht, sie hatten für ihre Ferien 1899 noch ein zweites Ziel im Sinn.

„Vom Marienbad fuhren wir zur Nachkur in die zauberhafte Gegend des Salzkammergutes und mieteten uns für eine Woche in St. Wolfgang ein. Wir bekamen kleine, aber wohnliche Zimmer in dem typischen Landgasthof ‚Zum Weißen Rössel' – vor kurzem unsterblich gemacht in einem köstlichen Lustspiel des gleichen Titels (von Blumenthal und Kadel-

Promenade in Marienbad, wo Sir Horace dem Prince of Wales, seinem künftigen König, begegnete

burg), das am Deutschen Volkstheater in Wien sehr unterhaltsam aufgeführt wurde."

„Das Wetter war herrlich, wie immer im September in dieser Gebirgslandschaft, und alles deutete darauf hin, daß unser Urlaub sehr harmonisch ausklingen würde. Doch kurz nach unserer Ankunft erfolgte ein plötzlicher Wettersturz. Drei Tage und drei Nächte regnete es in Strömen. Die Dampfschiffe, die einzige Verbindung von unserem, zwischen dem steilen Berghang und dem See eingeschobenen Ort und den Anschlüssen nach Salzburg und Ischl, stellten ihren Betrieb ein, das durch den Regen angestiegene und vom Sturm aufgewühlte Wasser überflutete den Landungssteg zu ebener Erde und reichte bald an das erste Stockwerk unseres Quartiers heran, in dem wir nun fast die einzigen Gäste verblieben waren. Es war ein merkwürdiges, allerdings unerfreuliches Erlebnis, nahezu eine Woche lang so völlig von der Außenwelt abgeschlosen zu sein. Sogar die Telegraphenleitung fiel für zwei Tage aus. Was das Weltgeschehen betraf – die Skandale des Falles Dreyfus und ‚Ohm Pauls' (Paul Krügers) Ränke –, hätten wir uns ebensogut die ganze Zeit über irgendwo mitten auf dem Atlantik befinden können."

„Es wäre möglich gewesen, über einen Steg in der Höhe des 1. Stockes von der Hinterfront des Hauses bergauf zu gehen, hätte uns die Sintflut der Regenfälle nicht daran gehindert, unsere Zimmer zu verlassen. Die in diesen Landstrichen verursachten Schäden waren fast nicht zu beziffern. Ischl und Gmunden standen völlig unter Wasser, Brücken wurden weggerissen, überall stürzten Häuser ein, allein in Ebensee wurden nicht weniger als achtundzwanzig Gebäude zerstört. Erst später offenbarte sich das ganze Ausmaß dieser Kastastrophe, die den gesamten Oberlauf der Donau und ihrer Nebenflüsse von Schwaben bis Zentralungarn betroffen hatte."

„Ich dulde keine Judenhetze"

Während Rumbold in Oberösterreich diese Wasserprobe bestand, hatte das Judentum eine Feuerprobe antisemitischer Kampagnen durchzumachen, ausgelöst von der Dreyfus-Affäre, die im September 1899 mit spontanem Pro und Kontra die Titelseiten der Zeitungen beherrschte und die jüdischen Bevölkerungsanteile in ganz Europa heftig beunruhigte. Als regionales Sekundärereignis trug zur selben Zeit der „Fall Hilsner" dazu bei, den Antisemitismus in Österreich, vehement von den Deutschnationalen und den kleinbürgerlichen Christlichsozialen verfochten, zu offenen Haßausbrüchen zu steigern.

Am 12. September begann in der böhmischen Kleinstadt Kuttenberg der Schwurgerichtsprozeß gegen den beschäftigungslosen Leopold Hilsner, einen Juden aus Polna. Dazu Sir Horace, den dieses Verfahren brennend zu interessieren schien:

„Der Angeklagte wurde beschuldigt, vor dem jüdischen Passahfest ein ihm persönlich bekanntes christliches Dienstmädchen in die Wälder bei Polna gelockt und ermordet zu haben. Nach der Tat habe er das Blut aus dem Körper der

Toten abgezapft und dem Rabbiner des Ortes gebracht. Die Leiche war wirklich in einem merkwürdig ausgebluteten Zustand aufgefunden worden, und der Prozeß, der sehr unfair und gehässig geführt wurde, endete für Hilsner mit einem Schuldspruch und dem Todesurteil. Nach Berufung erfolgte ein zweites Verfahren, in dem die Todesstrafe ausgesetzt und stattdessen eine Zuchthausstrafe verhängt wurde."

Wiewohl der Staatsanwalt in seinem Plädoyer kein einzigesmal das Wort „Ritualmord" verwendete, wurde der Tatbestand von Teilen der Öffentlichkeit als solcher ausgelegt. Rumbold gibt oben also neben dem konkreten Anklagepunkt die tendenziöse „außergerichtliche" Interpretation wieder. Der Ritualmordverdacht der Leute stützte sich auf die Befunde der forensischen Medizin nach der Obduktion des Opfers, einer gewissen Anna Hruza: Durchtrennung der Halsschlagader, daher rascher Tod durch Verbluten. Ein Sexualdelikt schlossen die Ärzte nach allen Anzeichen aus.

Jeder positiv, negativ oder objektiv Anteilnehmende konnte den Verlauf des Prozesses in den ausführlichen, geradezu protokollarischen Berichten der österreichischen Presse verfolgen. Die liberalen Zeitungen kritisierten erbittert die massenpsychotischen Begleiterscheinungen, das antisemitische Klima, in dem gegen Hilsner verhandelt wurde, und zweifelten überhaupt seine – tatsächlich nicht eindeutig erwiesene – Schuld an. Mit einem Protestschreiben äußerte die Wiener Israelitische Kultusgemeinde ihre tiefe Besorgnis über die gefährlichen Weiterungen eines „Kristallnacht-Syndroms", wie wir heute sagen könnten. Ritualmord – das war ein Alarmsignal, das sofort Urängste und den Urhaß des einfachen christlichen Volkes wachrief, schon seit den Zeiten des berühmten kleinen „Anderle von Rinn", dem wie einem Märtyrer sogar eine Wallfahrtskirche auf dem „Judenstein" im Tiroler Unterinntal erbaut wurde.

In der katholischen „Reichspost" standen denn auch empörte Verwahrungen gegen „das systemmäßige, aufdringliche Bestreben (– der „Judenpresse" –), den Juden H*ü*lsner (sic!) als unschuldig, als das Opfer antisemitischer Ränke hinzustellen, wie man es im Großen bei dem Juden Dreyfus gethan hat." Und auf die Ahndung des Verbrechens bezogen, mit einem Anlauf zur rassischen Objektivität: „Darauf haben die Christen ein Recht, und schließlich auch diejenigen Juden, die wirklich rituellen Excessen ferne stehen."

Der Spruch des Tribunals lautete auf „Mitschuld am Meuchelmord" in Komplizenschaft mit unbekannten und nie ausgeforschten Tätern. Einen historischen Akzent erhält das Geschehen dadurch, daß kein anderer als Thomas Masaryk, damals Professor an der Universität Prag und Mitglied des österreichischen Abgeordnetenhauses, öffentlich für Hilsner Partei ergriff, also, mutatis mutandis, in diesem Fall eine ähnliche Rolle spielte wie Emile Zola in der Dreyfus-Affäre. Dahingestellt bleibe, ob ihn dabei rein ethische Motive bewegten, der Glaube an die Unschuld des Angeklagten, oder ob ihn vor allem das Kesseltreiben seiner erklärten Feinde, der Deutschnationalen, dazu herausforderte, sich zu exponieren. Die Folgen bekam er so oder so zu spüren. Denn:

„Diese Affäre bewirkte eine ungeheure Sensation. Professor Masaryk wurde daran gehindert, an der Prager Universität seine Vorlesungen zu halten, und da der alte antijüdische Geist in Böhmen und Mähren gefährlich hochgepeitscht wurde, kam es in Holleschau und anderen Orten zu Plünderungen und Brandschatzung der Häuser von Juden."

Rumbold, der sonst so Konziliante, verhehlte keineswegs seine Meinung über solche Entwicklungen, sondern übte ohne jede diplomatische Reserve scharfe Kritik:

„Die antisemitische Bewegung ist eines der bedenklichsten Übel des öffentlichen Lebens in Österreich, und in Wien gibt es keine verderblichere Triebkraft dafür als den bigotten, hochfahrenden Wortführer Bürgermeister Dr. Lueger, der leider auch über die Redegewalt des geborenen Demagogen verfügt. Der Widersinn seines leidenschaftlichen Kreuzzugs gegen die Juden wurde bald offenkundig, nämlich durch die katastrophalen wirtschaftlichen Resultate, die er zeitigte. Dr. Lueger und dessen Anhänger gehörten auch zu unseren böswilligsten Gegnern während des Südafrika-Krieges, und einmal wurde er wegen einer gehässigen antienglischen Rede, die er auf einer Versammlung gehalten hatte, vom Kaiser ernstlich gerügt."

„Die österreichische Regierung tat voll Klugheit ihr Bestes, um dem Antisemitismus zu steuern, den der Monarch selbst entschieden ablehnt, da er ihn zurecht als unverantwortlich und gefährlich betrachtet. ‚Ich dulde keine Judenhetze in meinem Reich', sagte er nach den Ausschreitungen zum Oberrabbiner von Prag. Neben anderen schlimmen Auswirkungen hat diese antisemitische Verblendung bedauerlicherweise zu der wachsenden Entfremdung zwischen Wien und Budapest beigetragen. Die Abneigung in der alten Kaiserstadt gegen den jüdischen Einfluß, der in der Metropole Ungarns ohne Zweifel sehr mächtig ist, drückt sich in dem Wort ‚Judäo-Magyaren' aus, mit dem generell die ‚verjudeten' Ungarn gemeint sind."

Auch diese Parole wird übrigens als momentane Eingebung dem rhetorischen Temperament Luegers zugeschrieben . . .

Burenbegeisterung, weit vom Schuß

Im Oktober 1899 brach der schon seit dem Sommer erwartete Krieg zwischen den Briten und den Buren aus. Sir Horace konnte den militärischen Operationen in Südafrika zunächst nur geteilte Aufmerksamkeit widmen, denn zur selben Zeit kam König Georg von Griechenland in Begleitung seines Sohnes Prinz Nikolaus nach Wien, wobei sich diffizile Situationen ergaben, die an peinliche Brüskierung grenzten.

„Der König gewährte mir eine sehr lange Audienz, ich hatte ihn kaum mehr gesehen, seit ich im Jahr 1888 seinen Hof verließ. Durch seltsames Zusammentreffen weilte während seines Aufenthaltes in Wien auch der junge König Alexander von Serbien in der Stadt. Die beiden Herrscher bewohnten benachbarte Appartements im Hotel Imperial, und wie später verlautete, machte der unglückselige Alexander auf König Georg, diesen gewiegten Beobachter, den Eindruck eines gewissen überreizten Zustands und zeigte wenig Zurückhaltung. Nach Wien war er in der Hoffnung gereist, den Kaiser sprechen zu können, was ihm nicht gelang. Für ihn muß es verblüffend und demütigend gewesen sein, als Franz Joseph dem König der Hellenen im Hotel einen Besuch abstattete und dabei durch einen Korridor schritt, der vom Gefolge des serbischen Monarchen bevölkert war."

Der Burenkrieg war der erste bewaffnete Konflikt, bei dem sich, auch weit vom Schauplatz des Schlachtengeschehens entfernt, bestimmte Gruppierungen mit einem der beiden Gegner solidarisch erklärten, wie später während des Spanischen Bürgerkriegs und vor allem beim Vietnamkrieg. In diesem Fall bewirkte die Parteinahme für die Transvaaler und Oranje-Freistaatler eine Trübung des Verhältnisses zwischen dem britischen Botschafter und der öffentlichen Meinung Wiens.

„Die proburische Bewegung in Wien war größtenteils künstlich aufgebaut, aber die Belagerung von Ladysmith, Sir Redvers Bullers Fehlschlag bei Colenso und die (britischen) Niederlagen am Modder River und am Stormberg, gefolgt von der Spion-Kop-Katastrophe, wurden trotz allem in den tonangebenden Wiener Presseorganen mit Manifestationen der Abneigung quittiert. Und diese, obwohl nur Echos der unverhüllt feindseligen Impulse, die sich damals in Berlin und ganz Deutschland ausbreiteten, störten im Effekt bei unsereinem das seelische Gleichgewicht. Sogar Blätter, die bekanntermaßen mit dem Ballhausplatz in Verbindung standen, wie die ‚Wiener Zeitung' und das ‚Fremdenblatt', offenbarten proburische Tendenzen. Ihre Kommentare zu unseren Operationen waren oft unfair und irreführend. Allerdings blieb eine solche Einstellung vornehmlich auf den gehobenen Mittelstand der Deutschösterreicher beschränkt, die mehr oder weniger dem pangermanistischen Gedankengut zugänglich waren."

Diese Feststellung stimmt nur bedingt, trifft aber dennoch den Kern der Sache. Die Leute waren in erster Linie eben proburisch und bloß in zweiter anti-britisch. Ihre Sympathien galten dem stammverwandten „tapferen kleinen niederdeutschen Bauernvolk", dem David, der gegen den Goliath des Empire zu Feld zog – sofern man in Verbindung mit den damaligen Burenfreunden solch einen alttestamentarischen Vergleich wagen darf! Während jener Anfangsphase des Krieges, die den Briten eine Serie militärischer Mißerfolge brachte, war noch keine Rede von den Aktionen, welchen später das Odium der Unmenschlichkeit angelastet wurde: das „farm-burning" und die Errichtung von Internierungslagern für Zivilisten, nämlich Frauen, Kinder und Greise. (Das Wort Konzentrationslager sei hier bewußt vermieden, weil die Parallele zwischen den britischen „Erfindern" und den deut-

Kriegsgegner 1899/1900: die Buren, bibelfeste, rasch bewegliche Bauernschützen (oben), und die Briten, als „Khakis“ mit stolzen Traditionen, doch anfangs unterlegen

schen Perfektionisten der KZs allzu oberflächlich und unrichtig gezogen erscheint.) Zu diesem zweifellos radikalen und keineswegs sehr human durchgeführten Maßnahmen entschloß sich das britische Oberkommando in Südafrika erst angesichts des unkontrollierbaren Versickerns der burischen Streitkräfte im Land, des Kampfes nach den Taktiken der Partisanen-Einsätze. Die „Khakis", wie man die Soldaten Ihrer Majestät wegen der Farbe der Tropen-Felduniformen hier nannte, bekamen zumeist keinen kompakten Gegner zu fassen und mußten überall einen Hinterhalt gewärtigen. Jede Farm konnte insgeheim ein feindlicher Stützpunkt sein. Solche Verhältnisse verschärfen erfahrungsgemäß die Kampfmoral der Truppe zu Mißtrauen und Grausamkeit.

Jene Argumente, nachmals fixer Bestandteil des anti-britischen Propaganda-Repertoires, waren also 1899 noch nicht ins Treffen zu führen. Es ging vorläufig vielmehr um das Behauptungsvermögen der Buren, das ihren „platonischen" österreichischen Freunden am Herzen lag. Man suchte die Begeisterung für Präsident Paul („Ohm") Krüger und dessen verwegene Mannen voreinander und miteinander zu dokumentieren, daheim, in der vertrauten Umwelt. Kurzfristig wurden breitkrempige „Burenhüte" modern, wer einen trug, durfte sich ein wenig vom Atem fernen Heldentums angeweht fühlen, und die heute noch lokal so populäre „Burenwurst" soll – laut akademisch fundierten Angaben! – deshalb zu ihrem Namen gekommen sein, weil die Menge an grobem Brät im Gewicht ziemlich exakt der täglichen Fleischration eines Buschkämpfers entsprach.

Kennzeichnend für die von Sir Horace zitierte „proburische Bewegung" war eine Mischung aus Enthusiasmus und Unverbindlichkeit, aus Proklamatorischem und Provinzlertum, ein Sachverständnis, das jüngsten Datums war und sich auf Zeitungslektüre gründete, und vielfach ein Zug zu unfreiwillig komischer, kleinbürgerlicher Vereinsmeierei. Weltpolitik wurde, wie so oft im Lauf der Zeiten, auf den überschaubaren Radius des Stammtisches vereinfacht. Denn das Fußvolk der Buren-Sympathisanten rekrutierte sich nicht „aus dem gehobenen Mittelstand", sondern gleicherweise aus dem Gros der Alldeutschen und der Luegerianer, erstere namentlich in Böhmen, Mähren und Schlesien aktiv, letztere in Wien.

Der vergessene Wiener Autor Fritz Stüber-Gunther, der seine Romane gern und gut mit echtem Genre anreicherte, schilderte mit dezenter Ironie als lokale Zeiterscheinung das zum „Burenzimmer“ umgestaltete Extrastüberl eines Vorstadtgasthauses: „Über dem Stammtisch hingen jetzt, sauber auf Pappe gemalt, mit Fichtenreisig umwunden, die Wappen der Transvaal-Republik und des Oranje-Freistaates, gegenüber an der Wand ein Bild des Präsidenten Krüger in breitem Rahmen. Von der Decke aber wallten eine sehr große Flagge und ein Dutzend kleinerer Fahnen herab, jede einen roten, einen weißen und einen blauen Längs- und einen grünen Querstreifen zeigend.“

Das war der „Vierkleur“, das vierfarbige Panier der Buren, damals hielt man sich übrigens in Österreich häufig an die niederländische Schreibweise „Boeren“.

1899 wurde z. B. eine Unterschriftenaktion gestartet, insgesamt 12.960 Personen, „Deutsche Cisleithaniens“, trugen sich in die Listen ein, vielfach unterschrieben Burschen- und Landsmannschaften sowie die verschiedensten Bünde und Runden aus dem regen Vereinsleben korporativ. Der junge Wiener Historiker Erwin A. Schmidl, der sich in seiner Doktorarbeit eingehend mit diesem Thema befaßte, erwähnt etwa den Komotauer „Germanenverband“, die Turnvereine „Guten Muths“ und „Deutsche Treue“, die „Wiener Schwalben“ und den „Ersten Erdberger Radfahr-Club Wien“ – schon diese bloße Aufzählung zeigt, wie eng sich das Zeitgeschehen mit dem Milieu der Lokalhumoreske verflocht!

Um das Konvolut entsprechend würdig zu präsentieren, ließ man eine Kassette dafür anfertigen, ein kleines Meister- und Prunkstück der Kunstschreinerei, im Stil von Objekten für Welt- und Jubiläumsausstellungen. Unmerklich gedieh das ganze Beginnen zum Selbstzweck, denn nun bereitete die Frage des Transportes eines so heiklen, schweren Dings einige Verlegenheit. Der Adressat war nämlich Präsident Paul Krüger persönlich. Was der schlichte alte republikanische Patriarch mit diesem fürstlich aufgemachten Geschenk hätte anfangen sollen – wenn es überhaupt bis in seine Hände gelangt wäre – ist nicht recht einzusehen. Seine Sorgen wären durch einen solchen Beweis ideeller Verbundenheit aus dem fernen Mitteleuropa sicherlich kaum vermindert worden.

Jedenfalls wurde die Kassette nicht nach Südafrika befördert, die Sache schlief ein, mit dem landesüblichen Fazit: „Sagn ma, es war nix."

Hier die Freischärler, dort der Kriegsattaché

Südafrika mit seinen Goldminen und Diamantenfeldern war für viele europäische Abenteurer zu einem zweiten Kalifornien geworden, einem Land Ophir, das raschen Reichtum verhieß. Auch waren, mit nüchterneren Zielen, Spezialisten der verschiedensten Sparten zugewandert, um sich in Transvaal und Oranje solide Existenzen zu gründen. Bei Kriegsausbruch meldeten sich nicht wenige von ihnen zum Waffendienst und bildeten, verstärkt durch neue Zuzügler, die fremden Freiwilligenverbände auf burischer Seite, zu denen ausländische Feldambulanzen stießen.

Unter diesen Freischärlern dominierten die Deutschen und die Franzosen, auch Iren und Amerikaner traten in ihre Reihen, wie überhaupt de facto keine strengen Trennungen im Sinn nationaler „Legionen" gegeben waren und jeder einzelne Burenkriegs-Freiwillige auf eigene Faust und eigene Gefahr handelte, ohne offizielle Sanktion seines Heimatstaates. Vergleiche mit Ausländertruppen späterer Kriege, etwa Pilsudskis Polnischer Legion von 1914, der Legion Condor, der spanischen Blauen Division an der Ostfront u. a. wären also verfehlt. In ihrer Zusammensetzung ähnelten die Einheiten in Südafrika eher den Internationalen Brigaden des Spanischen Bürgerkriegs, bis auf die wesentlich geringeren Stände.

So war auch das „österreichisch-ungarische Freikorps" vor allem ein klingender Name, der in Wirklichkeit neben dem tatsächlich österreichischen Element diverse andere Ausländer umfaßte. Ingesamt rund 40 Mann unter dem Kommando des gebürtigen Südtirolers Anton Ritter von und zu Goldegg und Lindenburg, eines ehemaligen k. u. k. Kavallerieoffiziers, der wegen Spielschulden die Charge verloren hatte. In seiner Schar gab es mehrere gleich ihm auf die eine oder andere Art in der militärischen Karriere gescheiterte alte Kameraden. Während die vierzig sich immerhin aktiv an den Kämpfen beteiligten, wählte Adalbert Graf Sternberg, nobel reisend, den Status des Nichtkombattanten. Der böhmische Standesherr, ein vitaler, trinkfester Kerl, halb feudal und halb progressiv und alles in allem eine anachronistische Figur, als aristokratischer Grobian, berüchtigte parlamentarische Schimpfkanone und unermüdlicher Produzent von Broschüren und Pamphleten eine Rabelais-Gestalt des kakanischen Kosmos, dabei enzyklopädisch gebildet, ging als Berichterstatter in die Kampagne und schrieb hernach für einen Berliner Verlag das Buch „Meine Erlebnisse und Erfahrungen im Boerenkriege". Mit der berechtigten Hoffnung auf reges Interesse deutscher und österreichischer Leser an seinen aktuellen Augenzeugenschilderungen.

Der Burenkrieg hatte, wie früher der Sezessionskrieg und später der Russisch-Japanische Krieg, militärischen Modellcharakter, was neuartige Taktiken und die Anpassung an bisher ungewohnte Gefechtsbedingungen betraf. Die Regimenter der „Khakis", nach überkommenden victorianischem Reglement gedrillt, prallten in dichter Formation auf einen beweglichen, in kleinen Gruppen operierenden Gegner, der das Gelände kannte und jede Deckung zu nutzen wußte. Dieses Mißverhältnis zwischen Angriff in traditioneller Glory und den Kampfformen eines Aufgebots von Bauernschützen war ein Hauptgrund für die anfänglichen britischen Schlappen. Es gab praktisch keine burische Infanterie, die Standardeinheit war das berittene „Commando". (Eine Bezeichnung, welche dann, beziehungsreich, die britischen Sondertruppen des Zweiten Weltkriegs erhielten.)

Begreiflich, daß sich auch andere Staaten für die südafrikanischen Strategien interessierten, um daraus ihre eigenen Schlüsse abzuleiten. Die beste Möglichkeit war die Entsendung von Beobachtern, und London erklärte sich bereit, dem britischen Oberkommando im Feld ausländische „Kriegsattachés" zuzuteilen. Die österreichisch-ungarische Heeresführung betraute mit dieser Mission den Generalstabshauptmann Robert Trimmel, einen integeren, etwas schwierigen Mann und kritischen Kopf, der illusionslos schon vor 1900 am Schicksal der Donaumonarchie verzweifelte. Er hatte sogar die Auswanderung nach Amerika erwogen und deshalb fleißig Englisch gelernt, nun eine Voraussetzung für seine Abkommandierung. Via London reiste er im Herbst 1899 auf den

Kriegsschauplatz und machte dort in seiner Funktion die Operationen bis zum Sommer 1900 mit, sicherheitshalber in die normale britische Khakiuniform eingekleidet, die er durch den Doppeladler am Tropenhelm und die angestammten Kragenaufschläge auf österreichisch ausstaffierte. Solche Angleichung auf Distanz war geboten, weil die Soldaten einen irgendwo auftauchenden Reiter in ihnen völlig unbekannter Montur höchstwahrscheinlich beschossen hätten.

In der Etappe hatte Trimmel freilich seine Generalstabsuniform im Koffer, selbstironisch nannte er sich ein „diplomatisches Mannequin“ des Burenkrieges, denn er war in erster Linie nach Südafrika entsandt worden, um im Kreis der ausländischen Kameraden als Repräsentant Österreich-Ungarns eben anwesend zu sein. Besondere, anwendbare Erkenntnisse erwartete man sich nämlich in Wien von dem exotischen, dem „Kolonialkrieg“ nicht, und so hatte der Chef des Evidenzbüros des Generalstabs, Baron Giesl, dem Hauptmann ausdrücklich als wichtige Verhaltensmaßregel geraten, er möge die Paradekopfbedeckung, den prächtigen Zweispitz mit dem grünen Federbusch, nur recht oft aufsetzen, „damit man sehe, daß auch Österreich vertreten sei“ . . .

Slatin-Pascha, das „Wienerkind“

Volles Verständnis in seiner Konsternation über die wienerisch-euphorische Burenpropaganda fand Rumbold bei jenem Österreicher, der von den Engländern und von Afrika denn doch um einiges mehr wußte als die hiesigen „kompetenten“ oder selbsternannten Kommentatoren des Konfliktes.

„Slatin-Pascha, der damals zufällig zu Besuch bei Verwandten weilte, war über diese Haltung seiner Landsleute empört. Wie er mir sagte, verblüffte und befremdete ihn beim Zusammentreffen mit prominenten Journalisten und Schriftstellern im Haus eines Wiener Industriemagnaten, daß diese Männer so feindselig waren und zugleich so ahnungslos über die wahre Situation.“

„Wir sahen Sir Rudolph Slatin ziemlich häufig, und in jenem Winter nahm ich an seiner Sitzung des Geographischen Instituts teil, an die sich ein Bankett schloß, beides zu Ehren

Sir Rudolph Slatin-Pascha, der anglo-ägyptische Wiener, den die hiesige Burenbegeisterung konsternierte

dieses tapferen anglo-österreichischen Soldaten und Forschers. Trotz seiner schrecklichen Erlebnisse war er durch und durch ein ‚Wienerkind' geblieben und hatte sich seine schlichte, heitere, urwüchsige Art bewahrt, obwohl die Spuren grausamer, entwürdigender zwölfjähriger Gefangenschaft seinen Zügen unauslöschlich eingeprägt waren, sich in seinen müden Augen spiegelten, geblendet von der grellen Sonne und dem Sand des Sudan. Eine der ärgsten körperlichen Qualen war es, wie er uns erzählte, als er barfüßig am Zügel des brutalen Mahdi durch die Wüste laufen mußte."

Eine demonstrative kaiserliche Geste

„Aber um auf das unerfreuliche Thema des Krieges zurückzukommen, möchte ich dankbar Zeugnis dafür ablegen, daß die kaiserliche Regierung getreulich an der traditionellen Politik der Freundschaft mit Großbritanien festhielt. Sie folgte damit einfach dem Beispiel und den Intentionen des Herrschers. Auf dem Hofball am 9. Januar (1900) – der ersten Hoffestlichkeit nach dem Tod der Kaiserin – gab der Monarch seinen persönlichen Ansichten unzweideutig Ausdruck."

„Für den gewohnten diplomatischen Cercle, der dem Ball vorausging, waren die Botschafter und Envoyés wie üblich nach der Reihenfolge ihrer Akkreditierung aufgestellt. Monsignore Tagliani, der Päpstliche Nuntius, dem an diesem römisch-katholischen Herrscherhof der Vorrang eingeräumt wurde, stand neben dem italienischen Geschäftsträger Conte Nigra, dann kamen in gebührender Sequenz der deutsche Botschafter Fürst zu Eulenburg, der Vertreter Rußlands, Graf Kapnist, der türkische Botschafter Machmud Nedim und ich. An mich schlossen der französische Botschafter Marquis de Reverseaux und der Spanier Señor Aguera an, dann setzte sich die lange Reihe mit den Missionschefs der anderen Staaten fort."

Nach seiner Auffassung vom Herrscheramt und seinen Maximen für die auswärtigen Beziehungen behandelte Franz Joseph die Botschafter im offiziellen Umgang mit gleichmäßiger Courtoisie, ohne sichtliche Bevorzugungen, wiewohl er sich natürlich ein Urteil über die einzelnen Mitglieder des Wiener Corps Diplomatique bildete. So standen Conte Nigra und Graf Kapnist bei ihm in hohem Ansehen, zu den späteren Geschäftsträgern Petersburgs wahrte er eine innere und, soweit nach dem ihm sakrosankten Protokoll zulässig, auch äußere Distanz. In Grenzen hielt sich seine Wertschätzung für den Marquis de Reverseaux, einmal erklärte er lächelnd, er wisse es als Akt der Höflichkeit zu würdigen, daß die Französische Republik an seinen Hof einen Herrn hochadeligen Geblüts entsandt habe. Angedeutet blieb das Postskriptum, dies sei aber auch alles, was man dem Marquis an Meriten nachsagen könne.

„Der Kaiser begann den Cercle mit einigen Worten an den Nuntius und wandte sich dann der Reihe nach meinen dienstälteren Kollegen zu. Ich hatte Seine Majestät seit mehreren Monaten nicht gesehen, genau gesagt seit dem Ausbruch des Krieges. Als er auf mich zutrat, der ich zwischen dem türkischen und dem französischen Geschäftsträger stand, begrüßte er mich mit mehr als der gewohnten Huld, und als er sich nach der Königin erkundigt und die Schwierigkeiten unseres Feldzugs nur en passant berührt hatte, sagte er zu mir auf Französisch, in der entschiedensten Weise, daß er ‚in diesem Krieg voll und ganz auf der Seite Englands' stehe."

„Er sprach diese Worte so deutlich und mit solchem Nachdruck, daß sie den anderen Botschaftern neben mir und den hinter ihnen stehenden Diplomaten unmöglich entgangen sein

Kaiser Franz Joseph hält auf dem Hofball Cercle mit den Diplomaten. Ganz links Sir Horace Rumbold, neben ihm, mit Fez, Machmud Nedim, der „traurige Türke". Rechts Philipp Graf zu Eulenburg

konnten. Ein Mitglied meiner Mission sagte mir nachher, nicht nur er, sondern wohl auch etwa fünfzig Personen in seiner Nähe hätten die Äußerung des Kaisers genau gehört. Als der Monarch nach kurzen Gesprächen mit meinen französischen und spanischen Kollegen weiterschritt, neigte sich der Marquis de Reverseaux sofort zu mir und sagte: ‚Permettez moi de vous féliciter sur la chaleur que l'Empereur a mise à vous dire cela.' Es kann keinen Zweifel geben, daß der Kaiser diese Gelegenheit bewußt wahrnahm, um seine Meinung offen auszusprechen, und fest steht auch, daß diese Äußerungen den Regierungen aller wichtigen europäischen Staaten binnen weniger Stunden telegraphisch mitgeteilt wurden."

„Tatsache ist, daß Kaiser Franz Joseph aus seinen uns günstigen Anschauungen niemals ein Hehl machte. Als er seinen am Dresdener Hof akkreditierten Botschafter empfing und von ihm erfuhr, daß auch sein guter alter Freund, der mittlerweile verstorbene König Albert von Sachsen, mit uns sympathisierte, nahm Seine Majestät dies mit Freude zur Kenntnis und erwiderte: ‚Ich fürchte, wir sind beinahe die einzigen!' Durch direkte kaiserliche Unterstützung war es mir – zum Unterschied von meinen Kollegen an anderen Herrscherhöfen – möglich, wirksam gegen die skandalösen Karikaturen der Königin aufzutreten, mit denen für kurze Zeit der Kontinent überschwemmt wurde und die auch in einigen Wiener Witzblättern erschienen. Diese Machwerke und eine Anzahl höchst anfechtbarer Postkarten kamen fast alle aus Deutschland, dort wurden sie hergestellt, ohne daß etwas geschah, um das zu verhindern, worauf ich meinen Kollegen Fürst zu Eulenburg des öfteren, aber vergeblich hinwies."

Im modernen englischen militärhistorischen Schrifttum findet sich ein interessantes Indiz, das Rumbolds Angaben über die probritische Haltung des Kaisers bestätigt. 1903 zeichnete er Angehörige „seines" Regiments, der 1st King's Dragoon Guards, für ihren Einsatz in Südafrika aus. Offizieren wurde der Orden der Eisernen Krone (5), der Leopolds-Orden (1) und der Franz-Josephs-Orden (1) verliehen. Ein Squadron Sergeant Major, das ist ein höherer Unteroffiziersgrad, erhielt die – in Österreich ziemlich selten zuerkannte – Goldene und ein Korporal die Kleine Silberne Tapferkeitsmedaille.

Die Gegenprobe liefert uns der schon erwähnte Diplomat

und Coburger-Nachfahre Albert Graf Mensdorff. In seinem kurz vor 1930 geschriebenen Essay über die Höfe von London und Wien ging er konkret auf das von Sir Horace erörterte Thema ein. Auch in diesem Fall meldete sich ein Zeuge der Zeit zu Wort und erklärte: „Ich erinnere mich lebhaft daran, welch tiefen Eindruck es während des Burenkrieges in London machte, als ganz Europa von einem Taumel der Anglophobie und der Bewunderung für die Buren erfaßt war, indes Kaiser Franz Joseph dem englischen Botschafter in Wien (eben Rumbold) sagte, wie sehr er die hervorragenden Leistungen der britischen Truppen in Südafrika anerkenne und die wärmsten Wünsche für ihre Erfolge aussprach. Das war natürlich nicht für die breite Öffentlichkeit bestimmt, aber am englischen Hof und bei der Regierung erweckten diese Worte des Kaisers zu einer Zeit, als überall antienglische Kundgebunden stattfanden, einen unauslöschlichen Eindruck. Ich hörte sie noch viele Jahre nachher häufig als einen Beweis der Freundschaft des Kaisers für England zitieren, und ich glaube, daß sie selbst heute noch nicht ganz vergessen sind."

Weidmannsheil der Diplomaten

„Zu den Annehmlichkeiten am Wiener Hof zählen für die Botschafter die Einladungen zu Jagden in den kaiserlichen Revieren. Mein erstes Erlebnis dieser Art war eine großangelegte Treibjagd bei Göding in Mähren. Sie bedingte die Abreise in einem Sonderzug um 6 Uhr morgens vom Nordbahnhof. Unserer Gruppe gehörten außer einigen Kollegen auch Fürst Alfred Windischgraetz, der Generalstabschef Feldzeugmeister Baron Beck, Fürst Montenuovo und andere hohe Herren an. Von Göding wurden wir in offenen Wagen ins kaiserliche Revier gefahren. Am Rand der großen Forste taten wir uns an einem herzhaften, kräftigen Frühstück aus Wurst, Bier und Schnäpsen gütlich, dann stellten wir uns in einer Reihe auf, etwa zwölf bis vierzehn Gewehre, jeder mit einem eigenen Büchsenspanner und Streckenträger."

„Indessen marschierte ein ganzes Heer von Treibern los. Das war ein wirklich imposanter und mir völlig neuer Anblick. Über 3600 Stück Wild wurden erlegt, größtenteils Fasane und

Hasen, dazu einige Rebhühner und, horresco referens, ein oder zwei Füchse. Im Haus des Forstmeisters wurde ein exzellentes Mittagessen aufgetischt, dem der ‚Grand Veneur' Graf Gudenus präsidierte. Danach begaben wir uns wieder ins Revier, wo wir bis zum ‚letzten Büchsenlicht' verblieben. Erst kurz vor neun Uhr abends kehrten wir nach Wien zurück. Bei einer anderen, viel kleineren Treibjagd in der Nähe von Laxenburg wurden etwa 1600 Stück geschossen, fast lauter Hasen."

Der traurige Türke in der Lobau

„Doch die schönste Jagd, die ich je miterlebte, fand in der Lobau statt. Die Straße von Wien in jenes Gebiet führt durch das Dorf Aspern, aus dem einst Erzherzog Carl nach blutiger, zweitägiger Schlacht die Franzosen auf die Insel vertrieb. Ein wuchtiges steinernes Denkmal im Ort bezeichnet die Stelle des nur kurzfristig wirksamen österreichischen Sieges. Überquert man die Brücke, die errichtet wurde, nachdem die alte von den kaiserlichen Truppen im Verlauf der heftigen Kämpfe niedergebrannt worden war, dann gelangt man in die nun reich mit Fasanen besetzten Auwälder, wo die französische Armee den ganzen Juni 1809 campierte. Dort hatte der im Moment vom Kriegsglück verlassene Eroberer für einige Zeit sein Hauptquartier, ehe er wieder vorstieß, um in der Ebene von Wagram Rache zu üben. Die Bäume, unter denen seine Zelte standen, und die Reste der Schanzen, die er aufwerfen ließ, sind noch immer sichtbar. Man kann sich kein interessanteres und idealeres Revier denken."

„Ich selbst war nur ein schlechter Schütze, verglichen mit meinem deutschen Kollegen Fürst zu Eulenburg oder dem russischen Botschafter, aber der enragierteste, wenn auch nicht sicherste Weidmann unseres Corps war unser türkischer Kollege Machmud Nedim – ein finsterer, mürrischer Einzelgänger, dessen einzige Passion die Jagd war. Wie so viele Osmanen der obersten Schicht hatte er nur eine einzige Frau, der er sehr zugetan war, doch die er natürlich nicht ins Ausland mitnehmen konnte. Oft und oft suchte er um Heimaturlaub an, um sie wiederzusehen, doch gleich anderen türkischen Würdenträgern hatte er unter den Launen seines Herrschers zu leiden und durfte sich nie von seinem Posten entfernen. Dennoch war ihm ein besseres Los beschieden als seinem Vorgänger, dem trotz häufiger flehentlicher Bitten eine Rückkehr brüsk verweigert wurde, obwohl seine Frau schwer krank war und bald in Konstantinopel starb. Daraufhin wählte der Witwer in einem Anfall von Verzweiflung den Freitod – ein Opfer der Willkürmethoden des Yildiz Kiosk."

Einsam auf alten Pfaden

Soireen des Adels – bei einer davon traten als junge Talente die Sopranistin Selma Kurz und der Violinvirtuose Fritz Kreisler auf – gehörten für den Botschafter zu den festlichen Ereignissen des Frühjahrs 1900. Fast an Joseph Roths visionär überhöhte Charakterisierung der Gestalt Kaiser Franz Josephs indes gemahnt das Bild, das Rumbold von den höfischen Zeremonien der Fronleichnamsprozession entwarf.

„Gegenwärtig umgibt sie ein gewisses tragisches Pathos, das auf den Nachdenklichen seine Wirkung üben muß. Viele Jahre, in der lichten Periode der nun so tief überschatteten Regierungszeit, waren diese Umzüge doppelt großartig, denn die schöne Kaiserin und alle Erzherzoginnen nahmen im strahlenden Glanz der Staatsroben und Kronjuwelen daran teil – ein Anblick, der damals in Europa nicht seinesgleichen hatte. Der Pomp ist geblieben, wenn auch der halbe Reiz des Schauspiels schwand. Und noch immer beschreitet der gealterte Kaiser, ohne Gemahlin und ohne Sohn, die alten Pfade und erfüllt einsam seine ehrwürdigen Pflichten, tapfer, beharrlich und in allen Dingen gewissenhaft, wie es einem wahren Apostolischen König zukommt."

Ein etwas elegischer alter Herr

Europas politische Aufmerksamkeit verlagerte sich indessen von Ohm Krüger und seinen Widersachern auf einen neuen Unruheherd: in China wüteten die Boxer.

Nach dem großen Derby in der Freudenau, dem Auftakt

der Sommersaison, als Wiens Society die Koffer packte, bereitete sich der einundsiebzigjährige Sir Horace auf die Amtsübergabe an seinen Nachfolger, den katholischen Iren Sir Francis Plunkett, und den Eintritt in den Ruhestand vor. In Gmunden war er Gast bei einer Hochzeit des Hauses Cumberland, der 1866 von den Preußen entthronten hannoveranischen Königsfamilie, machte Abschiedsbesuche und gebrauchte, wie alljährlich, die Kur in Marienbad. Am 8. September empfing ihn der Kaiser zur letzten Audienz und überreichte ihm ein Abschiedsgeschenk.

„Im allgemeinen wird Botschaftern bei ihrem Scheiden aus Wien der Stephans-Orden verliehen, weil aber eine damals existierende Regel den Diplomaten der britischen Krone die Annahme ausländischer Orden untersagte, wurde diese Ehrung im Fall meiner Vorgänger und meinem eigenen durch das viel wertvollere und interessantere Geschenk eines Porträts ersetzt, das der Kaiser zu diesem Zweck malen ließ.“

Das Medaillonbildnis von Casimir Pochwalski zeigt vor einem Doppeladler Franz Joseph im Waffenrock als Feldmarschall, mit dem Stern und dem Schulterband des Hosenbandordens, eine Geste der Courtoisie gegenüber dem Empfänger.

Vieles hatte sich seit jenem fernen Novembertag ereignet, als Rumbold in den Nebel einer fremden Stadt blickte. Es war ihm bestimmt gewesen, ihre großen Wendephasen mitzuerleben und zumindest ausschnitthaft zu schildern – die Zeit unmittelbar vor dem Beginn der Ringstraßen-Ära und dann die Spätblüte des optimistisch gefeierten „Neu-Wien“, aus seiner persönlichen Sicht. Dies war wohl ein sehr wesentlicher Zug seines Naturells: Sir Horace hat seine Umwelt eigentlich fast immer mit den Augen eines sensiblen, gebildeten Privatmannes gesehen. So steht auch viel mehr als bloß sachliche Feststellung hinter dem scheinbar nüchternen Satz, mit dem er seine Erinnerungen abschloß:

„Ich verließ Wien am 16. September 1900 – einundfünfzig Jahre und einige Tage nach meinem Eintritt in den diplomatischen Dienst.“

Am 3. November 1913 starb er in London.

Anhang

1. Literatur

Barnes, R. M.: „A History of the Regiments & Uniforms of the British Army", London 1972
Bauernfeld, Eduard v.: „Erinnerungen aus Alt-Wien", hg. von Josef Bindtner, Wien 1923
Baur, Heinz: „Neogotik", München 1981
Beatty-Kingston, William: „Of Music and Manners", London 1887
Beatty-Kingston, William: „A Wanderer's Notes", London 1888
Benedikt, Heinrich: „Monarchie der Gegensätze", Wien 1947
Bernhardt, Lysiane: „Spiel in Moll, Das Leben der Sarah Bernhardt", Bonn 1949
Biehn, Heinz: „Residenzen der Romantik", München 1970
Bisanz, Hans: „Ver Sacrum – Kunstpolitische und künstlerische Ziele" in „Ver Sacrum, Die Zeitschrift der Wiener Secession 1898–1903", Katalog der Ausstellung des Historischen Museums der Stadt Wien, Wien 1983
Bourgoing, Jean de: „Andere Zeiten, Rückblick vor dem Abschied", Wien 1964
Bourgoing, Jean de (Hg.): „Briefe Kaiser Franz Josephs an Frau Katharina Schratt", Wien 1964
Brandl, Alois: „Zwischen Inn und Themse, Lebensbeobachtungen eines Anglisten", Berlin 1936
Burgh, A. de: „Elizabeth Empress of Austria", London 1899
Brash, Barbara: „By His Grace, The History and Life of Christ Church Vienna 1887–1977", Wien 1977
Charmatz, Richard: „Österreichs innere Geschichte von 1848 bis 1907", Leipzig 1911
Clary-Aldringen, Alfons: „Geschichten eines alten Österreichers", eingel. von Golo Mann, Frankfurt 1977
Corti, Egon Cäsar Conte: „Mensch und Herrscher" (II. Band der Franz Joseph-Biographie), Graz 1952
ders. und Hans Sokol „Der alte Kaiser" (III. Bd. obigen Werkes) Graz 1955
Apponyi, Albert Graf: „„Erlebnisse und Ergebnisse", Berlin 1933
Czeike, Felix: „Das große Groner-Wien-Lexikon", Wien 1974
David, Heinrich: „Englands europäische Politik im neunzehnten Jahrhundert", Bern 1923

Eggert, Klaus: „Der sogenannte ‚Historismus‘ und die romantischen Schlösser in Österreich“ in „Historismus und Schloßbau“, hg. von Renate Wagner-Rieger und Walter Krause, Bd. 28 der „Studien zur Kunst des 19. Jahrhunderts“, München 1975

Eisenmenger, Victor: „Erzherzog Ferdinand“, Wien 1930

Fontane, Theodor: „Ein Sommer in London“, Dessau 1854

Friedjung, Heinrich: „Historische Aufsätze“, Stuttgart 1919

Fritsche, Victor v.: „Bilder aus dem österreichischen Hof- und Gesellschaftsleben“, Wien 1914

Fugger, Fürstin Nora: „Im Glanz der Kaiserzeit“, Wien 1932

Gilbert, Martin: „Sir Horace Rumbold, Portrait of a Diplomat“ (Biographie des Sohnes gleichen Namens), London 1973

Girouard, Mark: „Life in the English Country House“, Newhaven and London 1978

Gleichen-Russwurm, Alexander v.: „Geselligkeit – Sitten und Gebräuche der europäischen Welt 1789–1900“, Stuttgart 1910

Goldinger, Walter (Hg.): „Kaiserhaus und Politik, Aufzeichnungen des k. k. Statthalters Erich Graf Kielmansegg“, Wien 1966

Haenicke, Gunta: „Zur Geschichte der Anglistik an deutschsprachigen Universitäten 1850–1925“, Augsburg 1979

Haenicke, Gunta: „Biographisches und bibliographisches Lexikon zur Geschichte der Anglistik 1850–1925“, Augsburg 1981

Hardy, Alan: „Queen Victoria Was Amused“, London 1976

Hennings, Fred: „Solange Er lebt“, 5 Bde., Wien 1969–1971

Herre, Franz: „Kaiser Franz Joseph von Österreich“, Köln 1978

Hietsch, Otto (Hg.): „Österreich und die angelsächsische Welt“, Wien 1961

Loftus, Lord Augustus: „The Diplomatic Reminiscences of 1837–1862“, London 1892

Lützow, Heinrich Graf: „Im diplomatischen Dienst der k. u. k. Monarchie“, hg. von Peter Hohenbalken, Wien 1971

Malet, Sir Edward: „Shifting Scenes or Memoiries of Many Men in Many Lands“, Leipzig 1902

Margutti, Albert v.: „Vom alten Kaiser, Persönliche Erinnerungen an Franz Joseph I.“, Leipzig 1921

Marie, Queen of Roumania: „The Story of My Life“, London 1934

Maurois, André: „Édouard VII et son temps“, Paris 1939

McGuigan, Dorothy Gies: „Metternich, Napoleon und die Herzogin von Sagan“, Aus dem Engl. übers. von Gunther Martin, Wien 1979

Meintjes, Johannes: „Der Burenkrieg“, Wels 1979

Mensdorff, Albert Graf: „Die Höfe von London und Wien“ in „Erinnerungen an Franz Joseph I.“, hg. von Eduard v. Steinitz, Berlin 1930

Messner, Robert: „Wien vor dem Fall der Basteien", Wien 1958
Morris, Jan: „The Spectacle of Empire", London 1982
Morton, Frederic: „A Nervous Splendor, Vienna 1888/1889", London 1979
Motley, John Lothrop: „Briefwechsel", Aus dem Engl. übers. von A. Eltze, Berlin 1890
Münz, Sigmund: „Eduard VII. in Marienbad", Wien 1934
Musulin, Alexander Freiherr v.: „Das Haus am Ballplatz, Erinnerungen eines österr.-ungar. Diplomaten", München 1924
Nasko, Siegfried (Hg.): „Österreich unter Kaiser Franz Joseph I." Katalog der Ausstellung im Schloß Pottenbrunn, N.Ö., Sankt Pölten 1978
Niel, Alfred: „Die k. u. k. Riviera", Graz 1981
Nostitz-Rieneck, Georg (Hg.): „Briefe Kaiser Franz Josephs an Kaiserin Elisabeth", Wien 1966
Phillips, John A. (Hg.): „Prince Albert and the Victorian Age", Cambridge 1981
Rabenlechner, Michael Maria: „Neue Streifzüge eines Bibliophilen", Wien 1935
Racek, Fritz: „Johann Strauß, Zum 150. Geburtstag", Katalog der Ausstellung der Wiener Stadtbibliothek, Wien 1975
Reitz, Deneys: „Commando, A Boer Journal of the Boer War", London 1948
Rosenberg, Ludwig: „Großes Biographisches Lexikon der deutschen Bühne im XIX. Jahrhundert", Leipzig 1903
Rosner, Karl: „Damals . . . Bilderbuch einer Jugend", Düsseldorf 1948
Sayn-Wittgenstein, Franz Prinz zu: „Die Wittgenstein", München 1979
Schaukal, Richard v.: „Um die Jahrhundertwende", München o. J.
Schmidl, Erwin A.: „Österreicher im Burenkrieg 1899–1902", Phil. Dissertation, Wien 1980
Sternberg, Adalbert Graf: „Meine Erlebnisse und Erfahrungen im Boerenkriege", Berlin 1901
Tuchman, Barbara: „The Proud Tower, A Portrait of the World Before the War, 1890–1914", London 1980
Unger, William: „Aus meinem Leben", Wien 1929
Waissenberger, Robert: „Wiener Nutzbauten des 19. Jahrhunderts als Beispiele zukunftweisenden Bauens", Wien 1977
Waissenberger, Robert (Hg.): „Kaiser Franz Joseph von Oesterreich oder Der Verfall eines Prinzips", Katalog der Ausstellung des Historischen Museums der Stadt Wien (in der Hermesvilla), Wien 1980
Wassilko, Theophila: „Fürstin Pauline Metternich", Wien o. J.

Williams, J. Robert: „Renewed Regimental Ties with Austria“ in „Tradition“, Nr. 68, London o. J.
Ziak, Karl: „Das neue Landstraßer Heimatbuch“, Wien 1975
Zöllner, Erich: „Wien um die Mitte des 19. Jahrhunderts in der Sicht seiner fremden Gäste“ in „Wiener Geschichtsblätter“, 33. Jg. (1978), Heft 3

2. Bildquellen

Bildarchiv der Österreichischen Nationalbibliothek (20, 23, 54, 61, 65, 69, 77, 86, 99, 102, 104, 112, 122, 139, 141, 148, 151, 161, 193) – Gunther Martin und Archiv Martin (13, 52, 56, 63, 75, 79, 114, 120, 130, 132, 143, 165, 187) – Herbert Hrebicek (26, 34, 43) – Joseph Redlich, „Kaiser Franz Joseph von Österreich“ (38) – „The Studio“ (134) – Archiv Dr. Alfred Niel (181) – Dorotheum Wien (195)

3. Personenregister

Kursiv gesetzte Seitenverweise beziehen sich auf Bildlegenden